Antiphilosophique
Collection

L'antiphilosophie de Wittgenstein

Alain Badiou

L'antiphilosophie de Wittgenstein

NOUS
MMIX

Publié avec le soutien
de la Région Basse-Normandie

ISBN : 978-2-913549-05-0

Préface

Parmi les philosophes les plus intéressants, il y a ceux que, après Lacan, je nomme des antiphilosophes. On verra dans les pages qui suivent la définition que j'en propose. L'important est que je les tiens pour des éveilleurs, qui contraignent les autres philosophes à ne pas oublier deux choses :

1. Que les conditions de la philosophie, soit les vérités dont elle témoigne, sont toujours *contemporaines*. C'est dans la mêlée du temps qu'un philosophe construit de nouveaux concepts, et il ne peut relâcher son attention, se contenter de ce qui est déjà là, contribuer à la maintenance des ordres établis, sans tomber aussitôt dans ce qui est la pire menace pour le devenir de sa discipline : son absorption, sa digestion, par les savoirs académiques. L'antiphilosophe nous rappelle qu'un philosophe est un militant politique, généralement haï des puissances en place et de leurs serviteurs ; un esthète, qui va au devant des créations les plus improbables ; un amant, dont la vie sait chavirer pour un homme ou une femme ; un savant, qui fréquente les déploiements les plus

violemment paradoxaux des sciences. Et que c'est dans cette effervescence, cette in-disposition, cette rébellion, qu'il produit ses cathédrales d'idées.

2. Que le philosophe assume la voix du Maître. Il n'est pas, ne peut pas être, le participant modeste des travaux d'une équipe, le laborieux enseignant d'une histoire close, le démocrate des débats. Sa parole est autoritaire, aussi séductrice que violente, elle engage à suivre, elle trouble et convertit. Le philosophe est présent, comme tel, dans ce qu'il énonce, il ne se soustrait pas, même si cette présence est aussi celle d'une exemplaire soumission, au devoir rationnel.

Les antiphilosophes ordonnent pour leur propre compte ces deux points de façon tout à fait singulière. Contemporains, ils entendent l'être non seulement des vérités qui procèdent dans leur temps, mais en faisant de leur vie le théâtre de leurs idées, de leur corps le lieu de l'Absolu. Ainsi de Pascal, « joie, pleurs de joie », à Nietzsche, « [je suis] quelque chose de décisif et de fatal qui se lève entre deux millénaires ». De Rousseau, « je forme une entreprise qui n'eut jamais d'exemple, et dont l'exécution n'aura point d'imitateur », à Lacan, « seul comme je l'ai toujours été, je fonde… ». De Kierkegaard, « ma vie est tout ce que j'ai, et sans hésiter je la risque chaque fois qu'une difficulté se montre », à Wittgenstein, comme nous allons le voir amplement. Pour l'antiphilosophe, les douleurs et les extases de la vie personnelle témoignent de ce que le concept hante le présent temporel jusque dans les affres du corps. Et quant à n'être pas un besogneux, un répétiteur, un cuistre des grammaires ou un pieux gardien des institutions et des temples, l'antiphilosophe s'y emploie par l'extrême violence des propos qu'il tient sur ses propres confrères, les philosophes. Pascal contre Descartes, Rousseau contre les Encyclopédistes, Kierkegaard contre Hegel, Nietzsche contre Platon, Lacan contre Althusser… Chaque antiphilosophe choisit les philosophes dont il entend faire les exemples canoniques de la parole déshabitée et vaine.

Pour toutes ces raisons, j'ai consacré pendant quelques années mon séminaire aux grands antiphilosophes modernes. Nietzsche d'abord, puis Wittgenstein, puis Lacan. Après quoi, pratiquant la méthode du Grand Bond en arrière, j'ai conclu sur saint Paul, inventeur de la position antiphilosophique, à moins que ce ne soit Diogène, voire Héraclite.

La première partie du petit livre qu'on va lire, essentiellement consacrée à ce chef-d'œuvre unique qu'est le *Tractatus*, résulte donc du second séminaire de ce cycle. Publiée d'abord dans la revue *Barca!* (N°3, Toulouse, 1994), elle a été revue assez amplement, pour donner un mince volume en langue allemande, paru en 2007 aux éditions Diaphanes sous le titre *Wittgensteins Antiphilosophie* (traduction de Heinz Jatho).

La seconde partie, qui traite de la langue, ou plutôt des langues, ou des styles, de Wittgenstein, a d'abord fait l'objet d'une intervention dans le séminaire qu'au Collège International de Philosophie, Barbara Cassin consacrait à ce qui la passionne depuis toujours : le lieu langagier où vient à s'établir ce qui est conventionnellement nommé « philosophie ». Cette intervention a été rédigée pour être publiée dans la revue du Collège, *Rue Descartes* (N° 26).

Si ces textes ont longtemps dormi, c'est que j'imaginais composer un triptyque : le texte sur les styles de Wittgenstein aurait fait césure et médiation entre des analyses portant sur les deux « livres » (le second n'est jamais devenu un livre, du moins du vivant de Wittgenstein) les plus importants de cet antiphilosophe tourmenté : le *Tractatus* d'une part, les *Investigations philosophiques* d'autre part. Quelques tentatives désespérées, découragées, reprises de loin en loin, n'ont pas abouti à quoi que ce soit de pertinent concernant les *Investigations*. Au vrai, comme du reste le lecteur le verra, je n'aime pas ce livre, et encore moins, si je puis dire, ce qu'il est devenu, à savoir la caution involontaire, imméritée, de la philosophie grammairienne anglo-américaine, cette scolastique du XXe siècle, aussi impressionnante par sa puissance institutionnelle que contraire à tout ce que Wittgenstein, mystique, esthète, stalinien de la spiritualité, pouvait désirer.

Peut-on avancer qu'après tout, Wittgenstein a été puni par où il a péché ? Trop de scepticisme arrogant, trop de tours de force scabreux, trop de déconstruction sans avenir, trop d'attention portée à la syntaxe, au détriment des Formes. Et le plus grave, la tentation à laquelle les antiphilosophes succombent volontiers, Nietzsche en tête, qui n'y connaissait rien, mais plus sournoisement ceux qui, comme Pascal ou Wittgenstein, ont commencé par y être géniaux : pouvoir mépriser les mathématiques, les réduire, au regard du sérieux moral, de l'intensité existentielle, à un jeu d'enfant. Le mépris des mathématiques est ce dont aucune philosophie ne se relève. C'est pourquoi j'arrête l'œuvre de Wittgenstein au *Tractatus*, où ce mépris est déjà là, mais mêlé, encore, d'adoration.

J'ai déjà donné mon saint Paul. Voici, plus cursif, mon Wittgenstein. Quand j'en trouverai le temps, je compléterai ces portraits par ceux de Nietzsche et de Lacan. Sans renoncer entièrement à faire de même, un jour, pour les grands antiphilosophes classiques, ce qui veut dire chrétiens : Pascal, Rousseau et Kierkegaard.

[Juillet 2008]

I. L'antiphilosophie de Wittgenstein

Il n'est pas déraisonnable de soutenir que Wittgenstein a été un héros de notre temps. Mais à la condition d'examiner rigoureusement *de quelle cause* il a été le héros, comment il la soutint, et comment à ses propres yeux il se perdit dans l'impossibilité, mal masquée par une sorte d'insolence spéculative, de l'acte inouï dont il entretenait la promesse.

1

En novembre 1914, Wittgenstein fait la guerre. Il a déjà connu le feu. Son activité de soldat est étrangement conforme à sa maxime selon laquelle il est vain de produire des propositions philosophiques, attendu que ce qui importe est « la clarification des propositions » [T. 4.112]. Traduisons en langage militaire : ce qui importe n'est pas de tirer, mais de clarifier le tir. Aussi Wittgenstein, qui plus tard sera « informateur » pour corriger la trajectoire des obus, s'occupe d'un projecteur sur une canonnière fluviale. Sa base arrière est Cracovie. Il y trouve les œuvres terminales et cruciales de Nietzsche, celles de 1888, et singulièrement l'*Antéchrist*. Il note alors dans son journal : « Je suis gravement affecté par son hostilité envers le christianisme. Parce que ses livres renferment aussi une part de vérité. »

Notre première question sera : quelle est cette « part de vérité » dont Wittgenstein reconnaît l'existence dans les imprécations de Dionysos contre le Crucifié ? Et notre deuxième : que peut bien être le christianisme de Wittgenstein pour que, en dépit de cette « part », il soit gravement blessé par la législation anti-prêtre du furieux de Turin ? Questions décisives, si l'on considère que Nietzsche et Wittgenstein ont en ce siècle, et tour à tour, donné le *la* d'une certaine forme de mépris philosophique de la philosophie.

2

Ce que Nietzsche et Wittgenstein ont en partage, nous le désignerons d'un mot introduit par le troisième grand détracteur fasciné, en ce siècle, de la philosophie : Jacques Lacan. L'antiphilosophie. Le mot est lâché. Mais non pas solitaire, car si son éclaircissement est l'enjeu de tout ce texte, et ce en quoi Wittgenstein nous éduque, nous ne sommes pas pour autant dispensés d'en fixer provisoirement les pouvoirs.

L'antiphilosophie, depuis ses origines (je dirais depuis Héraclite, qui est autant l'antiphilosophe de Parménide que Pascal l'est de Descartes), se reconnaît à trois opérations conjointes :

1. Une critique langagière, logique, généalogique, des énoncés de la philosophie. Une destitution de la catégorie de vérité. Un démontage des prétentions de la philosophie à se constituer en théorie. Pour ce faire, l'antiphilosophie puise souvent dans les ressources que, par ailleurs, exploite la sophistique. Chez Nietzsche, l'opération a pour nom « retournement de toutes les valeurs », lutte contre la maladie-Platon, grammaire combattante des signes et des types.

2. Reconnaissance de ce que la philosophie n'est pas, en dernière instance, réductible à son apparence discursive, à ses propositions, à son fallacieux dehors théorique. La philosophie est un acte, dont les fabulations autour de la « vérité » sont la vêture, la propagande, le mensonge. Chez Nietzsche, il s'agit de discerner derrière ces ornements la puissante figure du prêtre, organisateur actif des forces réactives, profiteur du nihilisme, capitaine jouisseur du ressentiment.

3. L'appel fait, contre l'acte philosophique, à un autre acte, d'une radicale nouveauté, qui sera dit, soit, dans l'équivoque, philosophique aussi bien (ce dont le « petit philosophe » nourrit son consentement ravi aux crachats qui le couvrent), soit, plus honnêtement, supra-philosophique, voire a-philosophique. Cet acte inouï détruit l'acte philosophique tout en clarifiant ses nuisances. Il le surmonte affirmativement. Chez Nietzsche, cet acte est de nature archi-politique, et son mot d'ordre se dit : « Casser en deux l'histoire du monde ».

Peut-on reconnaître, dans l'œuvre de Wittgenstein, ces trois opérations ? On entendra ici par « œuvre de Wittgenstein » le seul texte dont il ait estimé qu'il était digne d'une exposition publique : le *Tractatus*. Le reste, tout le reste, il est convenable de ne lui accorder (et tant mieux, vu ce qui peu à peu s'y délite) que le statut d'une glose immanente, d'un Talmud personnel. La réponse est assurément positive.

1. La philosophie est destituée de toute prétention théorique, non parce qu'elle serait un tissu d'approximations et d'erreurs — ce serait lui concéder bien trop — , mais parce que son intention même est viciée : « La plupart des propositions et des questions qui ont été formulées en philosophie ne sont pas fausses, mais absurdes » [T. 4.003]. Il est caractéristique de l'antiphilosophie que son propos ne soit jamais de *discuter* des thèses philosophiques (comme le fait le philosophe digne de ce nom, en réfutant ses prédécesseurs ou ses contemporains), car il faudrait pour cela en partager les normes (par exemple le vrai et le faux). Ce que l'anti-philosophe veut faire, c'est situer le désir philosophique en son entier dans le registre de l'errance et du nuisible. La métaphore de la maladie n'est jamais absente de ce dessein, et c'est bien elle qui pointe dans « l'absurde » de Wittgenstein. De ce que « absurde » veut dire « dépourvu de sens », il s'ensuit que la philosophie n'est pas même une pensée. La définition de la pensée est en effet précise : « La pensée est la proposition douée de sens » [T. 4.].

La philosophie est ainsi une non-pensée. En outre — ce point est subtil, mais crucial —, elle n'est pas une non-pensée *affirmative*, qui franchirait les limites de la proposition douée de sens pour saisir un indicible réel. La philosophie est une non-pensée régressive et malade, *parce qu'elle prétend présenter sa propre absurdité dans le registre de la proposition et de la théorie*. La maladie philosophique surgit quand le non-sens s'expose comme sens, quand la non-pensée s'imagine être une pensée. Aussi la philosophie ne doit-elle pas être réfutée, comme si elle était une pensée fausse, elle doit être jugée et condamnée comme une *faute de la non-pensée*, la plus grave faute : s'inscrire absurdement dans les protocoles (propositions et théories) réservés à la seule pensée. La philosophie, au regard de l'éminente dignité ultime de la non-pensée affirmative (celle d'un acte qui franchit la barrière du sens) est *coupable*.

2. Que l'essence de la philosophie ne réside pas dans sa fallacieuse et malade apparence propositionnelle et théorique, qu'elle soit d'abord du registre de l'acte, Wittgenstein, en T. 4.112, le proclame, non sans laisser planer une équivoque entre la philosophie héritée, qui est absurde, et sa propre antiphilosophie : « La philosophie n'est pas une théorie, mais une activité. »

Que cette assertion ait une valeur générale s'éclaircit cependant si on rapporte le désir de philosophie à l'activité des sciences. Tout le monde conviendra que la philosophie se soucie des fins dernières, de ce qui est éminent, de ce qui importe à la vie des hommes. Or, de tout cela, l'activité théorique proprement dite, soit ce qui prend la forme de propositions (douées de sens, ou encore mieux de propositions vraies, c'est-à-dire la science [T. 4.11] : « L'ensemble des propositions vraies forme la science de la nature en son entier »), n'a nul souci. Il est peut-être regrettable (surtout pour ceux qui ont cru voir en Wittgenstein un positiviste, ou même un philosophe analytique et rationaliste), mais il est incontestable, que « des propositions ne peuvent pas exprimer quoi que ce soit d'éminent » [T. 6.42]. Et mieux encore [T. 6.52] : « Nous sentons bien que même si toutes les questions scientifiques possibles reçoivent une réponse, cela ne touche en rien les problèmes de notre vie. » Dans l'aspiration générale qui induit son existence, la philosophie, vouée aux « problèmes de notre vie », est intrinsèquement distincte de toute figure scientifique ou théorique. Elle est soustraite à l'autorité des propositions et du sens, vouée du même coup à la forme de l'acte. Simplement, il existera, de cet acte, deux types. L'un, infra-scientifique, absurde parce qu'il tente de plier de force la non-pensée à la proposition théorique, est la maladie philosophique proprement dite. L'autre, supra-scientifique, affirme silencieusement la non-pensée comme « toucher » du réel. C'est la « philosophie » authentique, laquelle est une conquête de l'antiphilosophie.

3. Il faut donc en venir à l'annonce d'un acte de type nouveau, qui simultanément surmonte la maladie philosophique, défait l'acte

régressif par quoi on cherche absurdement à incarner les « problèmes de la vie » dans des propositions théoriques, et affirme, cette fois au-delà de la science, les droits du réel. Pour mieux distinguer cet acte de ce qu'il y a de forcé et de maniaque dans l'acte philosophique, Wittgenstein le décrit plutôt comme un élément, comme ce *en quoi* l'authentique non-pensée se meut. Mais déjà Nietzsche procédait de même pour nous transmettre les puissances du Grand Midi, de « l'affirmation sainte » : on ne passait pas par le couloir de la volonté en son sens étroit, programmatique et moral, on était « transporté » par de radieuses métaphores. Wittgenstein est lui aussi condamné à la métaphore puisque l'acte doit installer une non-pensée active au-delà de toute proposition douée de sens, au-delà de toute pensée, ce qui veut aussi bien dire : de toute science. Celle qu'il choisit articule une provenance artistique (la visibilité, la monstration) et une provenance religieuse (le mysticisme) : « Il y a pourtant de l'informulable, qui se fait voir : c'est ce qu'il y a de mystique » [T. 6.522].

L'acte antiphilosophique consiste à laisser se montrer ce qu'il y a, pour autant que « ce qu'il y a » est précisément ce qu'aucune proposition vraie ne peut dire. Si l'acte antiphilosophique de Wittgenstein peut légitimement être déclaré archi-esthétique, c'est que ce « laisser-être » est dans la forme non-propositionnelle de la monstration pure, de la *clarté*, et qu'une telle clarté ne vient à l'indicible que dans la forme sans pensée d'une œuvre (le paradigme d'une telle donation étant certainement, pour

Wittgenstein, la musique). Je dis *archi*-esthétique, car il ne s'agit pas non plus de substituer l'art à la philosophie. Il s'agit de porter *dans* l'activité scientifique ou propositionnelle le principe d'une clarté dont l'élément (mystique) est au-delà de cette activité, et dont le paradigme réel est l'art. Il s'agit donc d'établir les lois du dicible (du pensable), afin que l'indicible (l'impensable, qui n'est ultimement donné que dans la forme de l'art) soit situé comme « bord supérieur » du dicible lui-même : « La philosophie [l'antiphilosophie donc] doit tracer les frontières du pensable, et par là celles de l'impensable » [T. 4.114]. Et : « Elle signifiera l'indicible, en présentant clairement ce qui est dicible » [T. 4.115]. Où l'on remarque que l'acte antiphilosophique revient, comme aurait dit Althusser suivant Lénine, à tracer une ligne de démarcation. Et il se peut que le projet d'Althusser ait côtoyé, sous le nom de « philosophie matérialiste », l'antiphilosophie de ce siècle. La différence étant que ce auprès de quoi s'éduque silencieusement la « clarté », induit par cet acte séparateur, est pour Althusser, sous le nom de « prise de parti », la politique révolutionnaire, alors que pour Wittgenstein, sous le nom d'« élément mystique », il s'agit d'un mixte des Évangiles et de la musique classique.

Quoi qu'il en soit, il n'est pas douteux que les trois opérations constitutives de toute antiphilosophie sont repérables chez Wittgenstein, rendant raison de ce qu'il découvre dans l'œuvre de Nietzsche, son plus grand prédécesseur en la matière, une « part de vérité ».

Cette part de vérité se dialectise ainsi avec les évidentes différences :

– À la ruine généalogique des énoncés philosophiques chez Nietzsche, à la mise en évidence des types de puissance qui les supportent, et donc à une analytique du mensonge comme figure de l'élan vital, correspond chez Wittgenstein la mise en évidence d'une absurdité, qui est forçage par le non-sens de la sphère langagière du sens. Pour Nietzsche, la métaphysique est volonté de néant. Pour Wittgenstein, elle est néant de sens exhibé comme sens. La maladie a un nom, pour Nietzsche, nihilisme, pour Wittgenstein, ce qui est peut-être pire, bavardage.

– Pour Nietzsche, l'acte philosophique caché est exercice de la puissance typologique du prêtre. Pour Wittgenstein, c'est l'effacement de la ligne de partage entre le dicible et l'indicible, entre le pensable et l'impensable, c'est la volonté de non-clarté sur les limites. C'est donc aussi bien, et Nietzsche l'accorderait, exercice aveugle, *déchaîné*, d'une langue livrée au rêve de n'être interrompue par aucune règle, ni limitée par aucune différence.

– Pour Nietzsche, l'acte annoncé est archi-politique, car l'affirmation pure est aussi bien destruction de la puissance terrestre du prêtre. Pour Wittgenstein, il est archi-esthétique, car le principe (lui-même indicible) de toute clarté des frontières du dicible procède d'un accès aux paradigmes artistiques de la monstration pure, qui est aussi accès à la vie sainte comme beauté intérieure :

« La morale et l'esthétique ne font qu'un » [T. 6.421]. Et, mieux encore, cette déclaration tardive, presque testamentaire (après beaucoup d'abandons et d'errance, l'essentiel fait retour) : « Je pense que j'ai résumé mon attitude à l'égard de la philosophie lorsque j'ai dit : la philosophie devrait être écrite comme une composition poétique. »

3

Mais voici ce que Nietzsche et Wittgenstein n'ont *pas* en partage : le second est « gravement affecté » par l'hostilité du premier au christianisme.

·

La connexion du christianisme et de l'antiphilosophie moderne a une longue histoire. On peut aisément dresser la liste des antiphilosophes de fort calibre : Pascal, Rousseau, Kierkegaard, Nietzsche, Wittgenstein, Lacan. Il saute aux yeux que quatre d'entre eux soutiennent un rapport essentiel au christianisme : Pascal, Rousseau, Kierkegaard et Wittgenstein; que la haine enragée de Nietzsche est elle-même un lien au moins aussi fort que l'amour, ce qui seul explique que le Nietzsche des « Lettres de la folie » puisse signer indifféremment « Dionysos » ou « le Crucifié »; que Lacan, seul vrai rationaliste du groupe — mais aussi bien il achève le cycle de l' antiphilosophie moderne — tient cependant que le christianisme est décisif pour la constitution du sujet de la science, et que c'est en vain que nous espérons nous délier du thème religieux, lequel est de structure.

La vraie question est de savoir de quoi, dans le dispositif anti-philosophique de Wittgenstein, « christianisme » est le nom.

Certainement pas d'une religion établie, ou instituée. Ce n'est du reste jamais le cas, pas même pour Pascal, dont il est clair que la haine des jésuites vise tout ce qui, dans la religion, prend la forme d'une *réalité*. La « religion » des antiphilosophes est un matériau qu'à distance de la philosophie ils saisissent pour nommer la singularité de leur acte.

Les références du christianisme de Wittgenstein sont d'abord littéraires et russes : Tolstoï, Dostoïevski. L'Évangile lui-même est appréhendé comme une œuvre, exemple possible d'un principe de clarté sur ce que peut être la vie sainte, c'est-à-dire la vie belle.

En vérité, « christianisme » nomme une clarification du sens de la vie, sens qui est aussi celui du monde (puisque, T. 5.63, « Je suis mon propre monde »). Il se distribue alors sur deux versants :

1. Objectivement : nous savons que le sens du monde n'appartient pas au dicible lequel, dans la forme de la proposition ou de la théorie, n'est que scientifique. Ainsi le sens du monde, situé hors

d'atteinte du dire, peut être représenté comme transcendant (extérieur au monde). Et dès lors, le nom de Dieu lui convient. Dans un carnet de 1916, Wittgenstein note : « le sens de la vie, autrement dit le sens du monde, peut être appelé Dieu ». On retrouvera cette disposition dans le *Tractatus*. Par exemple, 6.432 : « Dieu ne se révèle pas dans le monde », qu'il faut compléter par 6.45 : « Le sentiment des frontières du monde, voilà ce qui est mystique. » Le christianisme sera la forme esthétique la plus achevée d'une monstration de ce qui, sous le nom de Dieu, s'accorde au sentiment des limites du monde.

2. Subjectivement : le christianisme désigne la vie ordonnée à son indicible sens, la vie « belle », ce qui est la même chose que la vie sainte. Il est synonyme du bonheur. Wittgenstein le notait déjà dans son journal, à propos de Nietzsche. Car il continuait : « À vrai dire le christianisme est l'unique voie qui conduise avec certitude au bonheur. » Le mot « bonheur » désigne ici la vie qui a du sens (le monde pratiqué selon son sens, lequel est, comme pour Pascal, absent du monde même).

Toute la difficulté (liée, nous le verrons, à l'absence de méta-langage) est que *comme il n'y a pas de sens du sens, rien n'oblige à suivre la voie du sens, ou du bonheur, rien n'oblige au christianisme*. Dans son journal, Wittgenstein continuait ainsi : « Qu'arrive-t-il si l'on méprise le bonheur ? Ne vaudrait-il pas mieux périr tristement dans le combat désespéré contre le monde extérieur ? Une telle vie est certes dépourvue de sens. Mais pourquoi ne pas mener une vie dépourvue de sens ? Serait-ce ignoble ? »

On le voit nettement : sous le mot « christianisme » se livre le combat sans norme de la sainteté (le bonheur) et de l'abjection (le non-sens, l'ignoble, le suicide). Nous n'avons pour appuis, dans ce combat pour lequel la science (ce qui délivre du sens *dans* le monde) est entièrement inutile, que le sentiment esthétique (la laideur, qui se *voit*, de la vie sans Dieu) et la clarification infinie du dicible, dont on peut espérer qu'elle alimente une expérience silencieuse des limites du monde et nous ouvre un accès au bonheur.

Dans la première direction, Wittgenstein multiplie les examens de conscience, il considère, comme Pascal le fait pour la misère de la condition humaine, le côté franchement inesthétique de son âme. Les textes sur ce point sont innombrables, citons une lettre à Russell de l'année 1914 : « Ma vie est pleine des plus hideuses et des plus misérables pensées et actions qui se puissent imaginer. Ma vie jusqu'ici a été tellement répugnante. » Lui, dont pas moins de trois frères se sont suicidés, lui qui déclare avoir « pensé constamment au suicide depuis l'âge de neuf ans », fixe le suicide comme forme élémentaire, quasi atomique, du péché (et si la sainteté chrétienne est le bonheur, il est logique que le suicide, cette légitime conséquence du malheur, soit la quintessence du Mal). Dans un carnet, de 1917, à propos de Dostoïevski : « Si le suicide est permis, tout est permis. Si tout n'est pas permis, alors le suicide n'est pas permis. Ceci jette une lumière sur la nature de l'éthique. Car le suicide est, pour ainsi dire, le péché élémentaire. » Nous avons là le Wittgenstein d'une perpétuelle *confession*.

Ce Wittgenstein n'est pas formellement opposé à Nietzsche, lequel doit tout autant se citer lui-même à comparaître comme exemplification de son acte. Il n'est que de voir la fonction *méthodique* de *Ecce Homo*.

Au demeurant, l'antiphilosophie exige que soit constamment exhibé l'antiphilosophe, comme singularité existentielle. Il n'y a pas d'exception. Du *Mémorial* de Pascal à l'intégration par Lacan, au cœur des séminaires, de son destin personnel et institutionnel, des *Confessions* de Rousseau au « Pourquoi je suis un destin » de Nietzsche, des tribulations de Kierkegaard et de Régine aux combats de Wittgenstein contre la tentation sexuelle et suicidaire, l'antiphilosophe monte en personne sur la scène publique de l'exposition de sa pensée. Pourquoi ? Parce que, à la différence de l'anonymat réglé de la science, et en opposition à ce qui de la philosophie prétend parler au nom de l'Universel, l'acte anti-philosophique, sans précédent et sans garantie, n'a que lui-même et ses effets comme attestation de sa valeur.

L'antiphilosophe parle donc nécessairement *en son nom propre*, et doit montrer ce « propre » comme preuve réelle de son dire. Il n'existe en effet pour lui aucune validation, ni aucune récompense, de son acte qu'immanente à l'acte même, puisqu'il dénie que cet acte puisse jamais se justifier dans l'ordre de la théorie. C'est bien ainsi du reste que Wittgenstein conçoit *tout* acte véritable : « Il doit y avoir une sorte de récompense morale et de punition morale, mais qui doivent résider dans l'acte lui-même » [T. 6.422]. La pulsion biographique, le goût pour la confession, et même à la fin une sorte d'infatuation tout à fait reconnaissable, et qui commande le style « écrivain » des antiphilosophes (reprenez la liste, pas un qui ne soit un maître de la langue), sont les conséquences nécessaires de la certitude antiphilosophique la plus intime, celle d'avoir, contre des millénaires de philosophie, à annoncer et pratiquer, sous son seul nom propre, une rupture active salvatrice. Ce que le philosophe atrabilaire peut, s'il le veut, traduire par un « tous des fous ! » qui n'est pas sans fondement, sinon qu'il se heurte à la sentence que, dit-on, Lacan avait inscrite sur le mur d'une salle de garde : « Ne devient pas fou qui veut. » En tout cas, nous sommes encore, avec ces exhibitions subjectives, dans la « part de vérité » commune à Wittgenstein et à Nietzsche.

Mais le mouvement réel est très différent, voire opposé, ce qui éclaire que le « christianisme » de l'un puisse nommer un acte que l'autre situerait plutôt dans l'écrasement, à coups de marteau, de tout ce qui se rattache au prêtre. Et donc dans l'écrasement de Wittgenstein, qui confiait en 1918 à un ami de captivité : « J'aurais préféré devenir prêtre, mais quand je serai maître d'école, je pourrai lire l'Évangile avec les enfants. »

C'est que Nietzsche a cru pouvoir soutenir que la valeur de son acte archi-politique se situait au-delà du Bien et du Mal, tandis que l'acte archi-esthétique annoncé par Wittgenstein reste normé, quoique dans l'indicible, par le couplage des valeurs. Certes, il est exclu de dire le Bien et le Mal (ou de dire le christianisme, ou de dire la Beauté) : « Il est clair que la morale ne peut être énoncée » [T. 6.421]. Mais c'est justement l'appartenance simultanée du Bien et du Mal à ce qui ne se soutient que du silence qui fait de notre âme le théâtre constant, le lieu réel, ou sans concept, d'une balance active entre la sainteté et l'abjection, entre la vie belle et le suicide. La question que seul l'acte tranche, sans proposition admissible, est : pourquoi choisir le christianisme, plutôt que le suicide ? Pourquoi choisir le sens du monde, dont le nom est Dieu, plutôt que la fin du monde, qui est la même chose que la fin de la vie, ou fin du sens ? Tout le point étant, ce qui est décisif pour comprendre l'opposition à Nietzsche, que la mort, tout comme Dieu, est en dehors du monde : « Quand on meurt, le monde ne change pas, il cesse » [T. 6.431]. Ou, plus précisément, T. 6.4311 : « *La mort n'est pas un événement de la vie.* » L'acte archi-esthétique est celui qui décide Dieu contre la mort.

Or, pour Nietzsche, *Dieu est du côté de la mort.* L'acte archi-politique doit, lui, décider la Vie contre Dieu. Ce déplacement tient tout entier à ceci, que l'ontologie de Wittgenstein admet un sens du monde (ou de la totalité subjective, c'est la même chose) qui est hors du monde. Alors que pour Nietzsche, non seulement rien n'existe hors du Tout de la vie, mais il *n'y a pas* de sens de la totalité, ou de la vie, pour une raison fondamentale qui est que « la valeur de la vie ne peut être évaluée ».

Dans le propos d'exister à la hauteur de leur acte antiphilosophique, Nietzsche et Wittgenstein sont l'un et l'autre absolument voués à la solitude, et l'un et l'autre veulent *montrer* cette solitude. Mais ils opèrent dans des directions opposées. Le premier exhibe la sainteté d'une affirmation inévaluable. Le second, la sainteté de qui renonce à l'indicible et ignoble autorité de la mort au profit de « l'élément mystique ».

L'autre appui du « christianisme » esthétique de Wittgenstein — la clarification acharnée du dicible, le travail « côté pensée » des pouvoirs sublimes de la non-pensée —, on sait qu'il y a consacré, reprenant sans relâche un matériau logique et mathématique très particulier, l'essentiel de sa vie. Car c'est ce qui est accessible au dire. Et Wittgenstein était un magnifique « diseur », un enseignant volubile, sarcastique et violent. Avant de nous y consacrer, deux remarques :

1. Ce travail n'est pas, pour Wittgenstein, ce qu'il y a de plus important. Car c'est moins l'acte lui-même, que la description,

toujours inachevable, de ce qui se situe en deçà de l'élément mystique, en deçà de ce à quoi le « tracé » de l'acte nous ouvre. N'oublions jamais ce que, dans une lettre à Ficker de 1919, Wittgenstein écrit à propos du *Tractatus* : « Je suis parvenu, dans mon livre, à restituer nettement les choses dans le lieu qui leur revient, en n'en parlant pas. »

2. La théorie du monde, et donc aussi la théorie de la proposition (puisqu'une proposition n'a sens que d'enregistrer un « état de choses » intra-mondain, et que par conséquent, T. 5.6, « les frontières de ma langue signifient les frontières de mon monde ») remplissent l'essentiel du livre de Wittgenstein. Mais elles sont illisibles si on omet la question active qui les traverse : que doit être le monde pour que nous puissions faire silencieusement ce qui nous accorde au sens divin du monde ? C'est cette question seule qui éclaire que l'ontologie de Wittgenstein soit indivisiblement une pensée de l'être et une pensée du dire. C'est aussi elle qui situe l'entreprise entre « idéalisme » et « matérialisme », dès lors que la saisie *simultanée* de la composition du monde, et de la composition des propositions qui disent la composition du monde, ne fait que tracer la ligne de partage entre ce qui, de l'être, se dit, et ce qui ne peut se dire. Il n'y a nul paradoxe à ce que Wittgenstein puisse prétendre, en T. 5.64, que « le solipsisme, rigoureusement développé, coïncide avec le réalisme pur ».

4

Les académiques de tous bords se réjouissent de ce que Wittgenstein ait abandonné, dans la « seconde » partie de son œuvre (partie restée, au vrai, *sans* œuvre), la construction ontologique du *Tractatus*. C'est pourtant là qu'il faut situer l'effort radical de Wittgenstein pour *rendre possible* la souveraineté de l'élément mystique. Il est donc requis de s'y engager, d'autant que, à grand renfort de supputations grammairiennes et analytiques, de « tournant langagier » et autres gloses universitaires (Quand on pense à ce qu'était le tourment de Wittgenstein, à son insondable mépris de la fonction de professeur, à la honte qu'il éprouvait de s'y complaire ! Il doit être aussi puni que l'est, dans *Les Châtiments* de Hugo, le Grand Empereur quand il comprend que lui succède Napoléon III.), on a fini par perdre de vue que nous avions là une des rares tentatives contemporaines de fonder axiomatiquement une doctrine de la substance et du monde.

Que la construction ontologique de Wittgenstein opère une sorte de va-et-vient serré entre « ce qui est » et « ce qui est dit » est approprié au but poursuivi : la valorisation, contre l'espace restreint des propositions scientifiques, de l'élément mystique, qui se montre, mais ne se dit pas. Il y a sans doute, entre les thèses sur l'être et les thèses sur la proposition, un lien de nature spéculaire. Ce lien est contenu dans la notion de tableau, axiomatiquement introduite : « Nous nous formons des tableaux des faits » [T. 2.1]. Ces tableaux sont langagiers. Mais c'est ultimement ce qui *n'est pas* sur le tableau qui est « éminent », qui a une authentique valeur. Le point le plus « vrai » de l'être n'est pas captif de la relation spéculaire où se construit l'ontologie du monde et de la langue. Il s'atteint là où « quelque chose », qui n'est justement pas une chose, vient en *reste* de cette relation.

Cette idée du « reste » se découvre dans toute antiphilosophie, laquelle ne construit de très subtils réseaux de relations que pour en traquer l'incomplétude et en exposer le reste à sa saisie par l'acte. Et c'est précisément là que l'antiphilosophie destitue la philosophie : en lui *montrant* ce que sa prétention théorique a manqué, et qui n'est rien de moins, en définitive, que le réel. Ainsi pour Nietzsche, la vie est ce qui vient en reste de tout protocole d'évaluation. Tout comme pour Pascal la Charité est entièrement soustraite à l'ordre des raisons, pour Rousseau, la voix de la conscience à la prédication des Lumières, pour Kierkegaard, l'existence à la synthèse hégélienne. Et pour Lacan, on sait que de la jouissance et de la Chose à quoi elle s'accole, le philosophe ne veut pas et ne peut pas avoir à connaître. Reste à savoir si, de ce réel, l'antiphilosophe nous donne autre chose qu'un évanouissement sidéré, si son acte n'est pas, comme la femme pour Claudel, une promesse qui ne peut pas être tenue. À moins qu'il ne s'agisse dans toute cette histoire de la femme, précisément, dont on conviendra aussitôt que la philosophie n'a nulle ambition de parler, mais dont on doutera qu'à ce jour, disposée dans la série nominale (la foi, l'angoisse, la vie, le silence, la jouissance...) où l'antiphilosophie — sauf Lacan — l'épingle sans l'identifier, elle ait fait mieux que disparaître. L'antiphilosophe agiterait devant le philosophe, qui loyalement, éduqué sur ce point par la science, le forclôt de sa manœuvre pensante, le fantôme du féminin. Ce qui n'est pas sans expliquer quelque peu la très frappante misogynie de tous les antiphilosophes : la femme inconsciente ne leur sert qu'à placer des banderilles sur le cou épais du philosophe. Ce qui est, après tout, une explication « entre hommes ». A-t-on jamais vu gens plus détestables, dans leurs déclarations explicites sur les femmes, que Pascal (en a-t-il remarqué une autre que sa sœur ?), Rousseau (la Sophie de *Émile* !), Kierkegaard (la névrose du mariage !), Nietzsche (n'en parlons même pas) ou Wittgenstein (avec sur ce point la demi-franchise d'une demi-homosexualité) ? À supposer que le reste réel des théories philosophiques soit à chercher, du point de vue du désir, du côté du féminin, le sort fait à ce reste est certes plus enviable quand on s'appelle Platon, Descartes ou Hegel. Au point qu'on pourrait faire, du rapport aux femmes, un critère distinctif : plus la misogynie est flagrante, plus on est aux parages de l'antiphilosophie. Ce qui jetterait une vive lumière sur le cas de Kant, dont les déclarations sur les femmes font dresser les cheveux sur la tête, et dont on résumerait aisément le propos tortueux ainsi : donner une forme philosophique à l'antiphilosophie elle-même. Montrer philosophiquement que la prétention philosophique ne fait que remuer de l'air. Sublimer l'acte moral, indubitablement a-philosophique, au regard des misères phénoménales de la connaissance. D'où s'infère, puisque chez lui le reste a nom « noumène », qu'un désir kantien s'adresse à un objet toujours nouménal. C'est, fortement conceptualisée, l'antique certitude du « mystère » féminin. En langage wittgensteinien, « femme » est ce dont on ne peut parler, et que donc il faut taire.

5

Pour Wittgenstein comme pour Spinoza, le nom primitif du « il y a » est : substance. La ressemblance s'arrête là, car Wittgenstein va « atomiser » la substance. Elle est en effet composée d'objets, et une caractéristique fondamentale de l'objet [T. 2.02] est qu'il est absolument *simple*.

Il faut immédiatement remarquer deux choses :

1. La substance est le nom de l'être et donc le nom du « il y a ». Elle n'est *pas* le nom du monde, ou nom de *ce* qu'il y a (ou de ce qui arrive). L'énoncé 2.024 du *Tractatus* précise que « la substance est ce qui existe réellement indépendamment de ce qui arrive ». Cependant que le fameux énoncé 1. déclare que « le monde est tout ce qui arrive ». Il faut donc distinguer l'existence « réelle », ou être, dont le nom est substance, et l'existence « occasionnelle », ou « ce qui arrive », dont le nom est monde. On dira aussi qu'un monde est une effectuation *événementielle* d'un être *éternel*. Le

problème ontologique majeur, très proche du problème leibnizien du passage des mondes « possibles » (contenus dans l'intelligence divine, et donc éternellement existants) au monde « réel », est de savoir quelle corrélation existe entre le monde et la substance.

2. Les objets, ou atomes, qui composent la substance, nous mènent aussitôt dans les parages du « reste » où achoppe la pensée. Un objet comme tel, supposé isolé, est impensable. N'est pensable que la liaison entre plusieurs objets, laquelle s'appelle un *état de choses*. L'objet est donc seulement ce que nous devons supposer pour que soit possible une liaison ou état. Ainsi T. 2.0121 : « Nous ne pouvons penser aucun objet en dehors de sa liaison avec d'autres. Si je peux m'imaginer l'objet dans la liaison de l'état, je ne peux donc pas le penser en dehors de la possibilité de cette liaison. » Le problème ontologique majeur est cette fois de déterminer ce qui *expose* à la pensée le multiple des objets, si l'objet lui-même est impensable. Ou : comment savons-nous qu'un état de choses (une relation) renvoie à un multiple d'objets dont il opère la liaison, si nous n'avons aucun accès à l'individualité des objets ?

Ce second problème est d'autant plus aigu que Wittgenstein, se séparant aussitôt de Leibniz, pose que les objets, atomes simples dont se soutient tout état de choses, sont indiscernables : « Deux objets ayant la même forme logique ne se distinguent, abstraction faite de leurs propriétés externes, qu'en ceci qu'ils sont différents » [T. 2.0233]. Ce qui viole le « principe des indiscernables » de

Leibniz plus radicalement que ne le fait, par exemple, l'atomisme de Lucrèce. Car chez ce dernier, outre la différence qualitative essentielle, qui structure le « il y a » (différence entre le vide et les atomes), existent, parmi les atomes eux-mêmes, des différences de « type » liées à la forme. La substance de Wittgenstein, forme éternelle de l'être, n'est qu'une juxtaposition contingente d'objets identiquement impensables.

Les deux problèmes ontologiques (rapport entre l'être substantiel et l'événementialité du monde ; accès au multiple si les éléments de ce multiple sont impensables et indiscernables) ne sont solubles que si nous passons « du côté » du reflet langagier, du côté du tableau que nous nous formons de ce qui existe.

Le point-clef est que les objets, qui ne peuvent être ni pensés ni décrits, sont *représentés* sur le tableau, ou, ce qui revient au même, dans la proposition. « Représentés » veut dire : à un objet, tel qu'il est engagé dans une liaison ou état, correspond *un nom*. Énoncé 2.13 : « Aux objets correspondent dans le tableau les éléments du tableau. » Énoncé 3.22 (qui ne fait que spécifier la nature langagière du tableau) : « Le nom est le représentant de l'objet dans la proposition. »

Notre accès aux impensables objets se fait donc par la nomination. On prendra garde que la nomination n'est pas une proposition, n'est pas une description, et par conséquent n'est pas une pensée.

Elle ne fait que fixer dans le tableau un « élément » correspondant à l'objet, à partir duquel est rendue possible la pensée, non de l'objet, mais de la liaison des objets dans une proposition : « Je ne peux que nommer les objets. Ils sont représentés par des signes. Je ne peux que parler d'eux, je ne peux pas les énoncer. Une proposition ne peut dire que comment est disposée une chose, non ce qu'elle est » [T. 3.221].

A contrario, la liaison d'objets, ou état de choses, peut être décrite dans le tableau (par une proposition qui lie plusieurs noms), mais elle ne peut pas être nommée : « On peut décrire des situations, on ne peut pas les nommer » [T. 3.144].

Cette opposition entre *nomination* (représentation sans pensée des objets par un signe) et *description* (tableau signifiant des liaisons d'objets d'une proposition) est intégralement disjonctive : ce qui peut se nommer (l'objet atomique substantiel) ne peut se décrire, et ce qui peut se décrire (les liaisons d'objets ou états) ne peut se nommer. C'est la substructure ontologico-langagière d'une autre disjonction, celle qui nous ouvre à l'élément mystique, et qui oppose le montrer, ou « faire voir », au dire : « Ce qu'il est possible de faire voir , il n'est pas possible de le dire » [T. 4.1212].

Mais qu'est-ce exactement qu'un état de choses ? La métaphore combine le thème atomistique classique de l'accrochage, et le thème linguistique de la chaîne : « Dans l'état de choses, les objets sont accrochés les uns aux autres comme les mailles d'une chaîne » [T. 2.03]. Il est essentiel de bien voir qu'un état de choses n'est pas nécessairement pris dans le monde (le monde comme ensemble événementiel de tout ce qui arrive). Un état de choses est une *possibilité* de la substance, une liaison-multiple qui « est » éternellement. *Certaines* de ces possibilités vont exister dans un monde. Une fois que les objets qui composent ces possibilités sont représentés par des noms, la liaison des objets, ou état, est représentée par une proposition. Cette proposition, qui inscrit une liaison d'objets (laquelle est « dans » la substance, mais n'existe (arrive) pas forcément dans le monde) sera dite une proposition atomique. La proposition atomique concentre tous les problèmes relatifs à la connexion entre l'être et le tableau, et finalement entre la substance et le monde. Il va s'agir du sens et de la vérité.

6

Et d'abord, pourquoi une proposition qui décrit un état de choses possible est-elle dite « atomique » ? Parce que les états de choses sont strictement indépendants les uns des autres, fermés sur eux-mêmes, multiplicités sans rapport. C'est l'énoncé ontologique peut-être le plus important : « Les états sont indépendants les uns des autres » [T. 2.061]. Il y a un atomisme primitif des objets, qui sont « simples », mais un second atomisme des états, qui, quoique complexes, n'entretiennent entre eux nul rapport. Il est donc légitime que la proposition qui fait tableau d'un état soit considérée comme une proposition atomique.

En tant que description (ou tableau) d'un état de choses possible, la proposition atomique est — sous réserve bien entendu (et ce n'est pas le point le plus clair) que nous identifions les noms d'objets qui y figurent — *immédiatement* compréhensible : elle a un *sens*. Le délicat de la chose est de bien entendre que le sens *n'est pas une catégorie de l'expérience du monde*. En effet, une proposition qui décrit un état de choses possible (et donc une liaison intra-substantielle) n'a pas besoin, pour être douée de sens, que cet état de choses « existe » (arrive). Le sens est une catégorie de l'être (éternel). Il en résulte que du seul fait que nous comprenons vraiment une proposition s'infère qu'elle fait tableau d'un état de choses qui « est », ce qui veut dire : qui est éternellement détenu dans sa valeur substantielle de possible, ou encore : qui *peut* arriver. C'est ce que souligne très tôt dans le livre l'énoncé 2.202 : « Le tableau contient la possibilité de la situation qu'il nous présente. » Puis, si l'on se souvient que la pensée n'est rien d'autre que la proposition douée de sens, on comprendra de la même façon que « la pensée contient la possibilité de la situation qu'elle pense. Ce qui est pensable est aussi possible » [T. 3.02]. Ce possible, sous la forme d'un état de choses décrit par la proposition (ce qui veut dire présenté par le tableau), constitue le fondement d'être du sens : « Ce que nous présente le tableau est son sens » [T. 2.221].

Finalement, un cas particulier du possible est la réalité : un état de choses est certainement possible s'il « arrive », et donc s'il fait partie du monde. Une proposition atomique qui décrit un état de choses participant de la réalité du monde sera dite *vraie*. Elle sera dite fausse si elle décrit, non pas rien, auquel cas elle n'aurait pas de sens, mais un état qui est (substantiellement), sans pour autant arriver (exister comme état du monde).

L'ontologie de Wittgenstein, concentrée dans la doctrine de la proposition atomique, est une ontologie du virtuel. L'être du « il y a », comme substance composée d'objets simples et indiscernables, n'est pas astreint à exister (ek-sister) comme monde — c'est-à-dire, nous le verrons plus loin, comme sujet. Retiré dans l'inexistence mondaine de son être, un état (multiplicité liée d'objets) n'en est pas moins représentable sur un tableau, et par conséquent pensable sous la forme d'une proposition douée de sens. Que cette proposition devienne vraie, ou soit « avérée », signifie seulement que l'état qu'elle décrit « arrive ». Mais cette vérité est en somme à peu près indifférente — d'un point de vue proprement ontologique —, puisque le fait qu'un état « arrive » *est strictement contingent*. Contrairement à ce qui se passe chez Leibniz, où le monde existant est le meilleur des mondes possibles, pour Wittgenstein un monde (ou un sujet, c'est la même chose) n'entretient avec son fondement substantiel qu'un rapport de hasard. L'être est indifférent à ce qui, de lui, arrive comme monde : « Tout ce qui arrive, tout ce qui est tel ou tel, est fortuit » [T. 6.41]. Opposé au principe des indiscernables,

Wittgenstein l'est tout autant au principe de raison suffisante. On sait que chez Leibniz le principe se dit (*Cinquième écrit en réponse à Clarke*) : « La nature des choses porte que tout événement ait préalablement ses conditions, réquisits, dispositions convenables, dont l'existence en fait la raison suffisante. » Pour Wittgenstein, aucun événement (et le monde n'est qu'événements) n'a la moindre raison suffisante d'être préférentiellement rattaché à son être-possible substantiel.

Wittgenstein opère, dans le meilleur style antiphilosophique, une inversion des valeurs classiques attribuées au sens et à la vérité. On peut en effet facilement croire que le sens est affaire d'expérience et de convention, alors que la vérité, rattachée à l'être en tant qu'être, ne se découvre qu'au-delà de la donation mondaine. C'est bien pourquoi la philosophie en tient pour les « vérités éternelles ». Or voici que Wittgenstein attribue l'éternité au sens (comme tableau prépositionnel des états substantiels) et développe une doctrine strictement empiriste et contingente de la vérité.

En effet, puisqu'une proposition n'est vraie qu'autant qu'elle décrit un état « qui arrive », un état du monde, et que le monde, collection d'événements, est livré à la contingence, il n'y a aucun autre moyen de vérifier qu'une proposition atomique est vraie que de la comparer à la réalité, au « c'est arrivé » constatable : « Pour découvrir si le tableau est vrai ou faux, il vous faut le confronter à la réalité » [T. 2.223]. La vérité est simple affaire de constatation empirique. Alors que le sens, enraciné dans l'éternité substantielle des possibles-multiples, des liaisons d'objets, est lisible dans la structure même de la proposition, dans ce fait immédiat que nous la comprenons indépendamment de toute vérification externe. Il est clair qu'après Nietzsche, quoique par des moyens différents, et selon une stratégie contraire, Wittgenstein participe du puissant courant qui, en ce siècle, a voulu destituer la vérité au profit du sens. Courant dont nous devons bien constater que l'acte qui l'anime s'articule comme antiphilosophie.

7

Il est sans doute temps de synthétiser le service rendu par cette construction à l'antiphilosophie, en même temps que, animé par l'esprit de résistance philosophique, nous marquerons nos distances, ou du moins les périls auxquels Wittgenstein nous expose.

Tout se joue bien entendu sur le tracé de la démarcation entre pensée et non-pensée, puisque le but stratégique de Wittgenstein est de soustraire le réel (ce qui est éminent, l'élément mystique) à la pensée, pour en confier le soin à l'acte dont dépend que notre vie soit sainte et belle.

Pour parvenir à ses fins, Wittgenstein doit, et c'est ce qui dès l'abord frappe, donner de la pensée une définition particulièrement étroite.

La pensée est en effet la proposition douée de sens, et la proposition douée de sens est le tableau, ou la description, d'un état de choses. Il en résulte une extension considérable de la non-pensée, extension irrecevable pour le philosophe.

Il y a d'abord dans la non-pensée l'opération primordiale de la nomination des objets simples. La visée antiphilosophique de Wittgenstein est, sur ce point, fort claire : si les noms des objets enveloppaient une pensée, nous aurions un rapport *à la fois langagier et pensant* à la composition intime de la substance, ce qui affaiblirait d'autant la nécessité de l'acte silencieux.

Cette question des noms, fort disputée en philosophie depuis au moins le *Cratyle*, n'est pas éclaircie par Wittgenstein. Nous comprenons bien que les noms représentent dans la proposition les objets liés dans l'état des choses que la proposition où ces noms figurent décrit. Mais ce que nous ne comprenons pas, *c'est comment il se fait que la différence impensable des objets soit représentée par la différence attestée des noms.* Ici se glisse une faille dans la construction spéculaire qui déploie en vis-à-vis le multiple des objets (côté substance) et le multiple des noms (côté proposition, ou tableau). Si les objets violent le principe leibnizien des indiscernables, comment se fait-il que les noms, qui ne sont là que comme signes des objets, obéissent à ce principe ? Car il est assuré, quelle que puisse être l'extension des homonymies, qu'en définitive deux noms indiscernables sont *le même*. Les noms, contrairement aux objets, ne sont pas identifiés par leurs seules relations externes. Ils ont une dense identité intrinsèque.

Du coup, on se prend à douter que la nomination soit comme telle une non-pensée. Et de fait, il existe une pratique de la langue dont on peut et doit soutenir *qu'elle est tout entière ordonnée à la nomination comme pensée*. C'est la poésie. L'acte poétique n'est en effet ni descriptif (même s'il pratique la description), ni « monstratif » au sens de l'élément mystique (même s'il pratique la suggestion). Il vise bien à organiser une totalité verbale (un poème compose à lui seul *une* proposition), de telle sorte qu'une présence-d'être soit, par cette totalité, nommée, alors que rien du langage ordinaire ne la nommait. La poésie est création d'un Nom-de-l'être antérieurement inconnu. L'axiome unique de la poésie est : « Tout ce qui participe de l'être, qu'il soit simple ou infiniment multiple, a un nom. Le difficile est de l'inventer. » Ce n'est pas pour rien que la poésie utilise, pour cette invention inouïe, les ressources maximales de la *différence*, y compris sonore, entre noms de la langue héritée.

Ou bien, comme la philosophie le déclare, la poésie est une pensée. Et alors, il faut réintroduire la nomination dans la pensée. Ou bien la nomination, comme le désire Wittgenstein, n'est pas une pensée, et alors le poème est destitué de toute fonction pensante, et n'est plus — ce que je crois extrémiste et inacceptable — qu'une instance verbale du silence.

Par ailleurs, dans la non-pensée, figure l'impossible. En effet, toute proposition douée de sens, donc toute pensée, atteste aussitôt la possibilité de l'état qu'elle décrit. On voit encore l'intérêt antiphilosophique d'une telle interdiction : si l'impossible est pensable, il n'est pas assuré qu'il y ait une possibilité de l'impensable. Or, cette possibilité est exigée par l'antiphilosophe, qui se propose précisément de franchir, par un acte sans précédent, la frontière reconnue du pensable et de l'impensable. Ajoutons que c'est l'idée que « tout » est pensable qui constitue, pour l'antiphilosophe, l'insupportable présomption théorique du philosophe, et fait de son acte prétendu une imposture.

Mais tout n'est pas non plus clair dans cette antique question de l'impossible et de sa possible pensée. Nous comprenons bien que le sens est accordé au possible. Ce que nous comprenons moins, c'est ce qu'il faut entendre, fût-ce au régime de la non-pensée, par l'impossible. Bien plutôt qu'il n'en interdit la pensée, Wittgenstein nous semble interdire *tout être de l'impossible*. Car si un état de choses, de ce seul fait qu'il est substantiellement (ce qui veut aussi bien dire qu'il se laisse décrire par une proposition atomique), *peut* arriver (ce qui veut dire que la proposition *peut* être vraie, pour autant qu'elle a du sens), il est clair que l'impossible n'est pas représentable comme état de choses. Autant dire qu'il est néant, puisque ce qui est — la substance — se compose d'objets (pour lesquels les mots « possible » ou « impossible » sont dépourvus de sens) liés dans des états de choses. Ou encore : comme dans toute ontologie du virtuel (celle de Deleuze n'y fait pas exception), être impossible, c'est purement et simplement ne pas être (et non pas seulement ne pas être pensable).

Or, il est au moins deux pensées qui s'accordent originairement à l'impossible : les mathématiques et la politique. La première parce que son réel est de littéraliser ce que toute pensée laisse en reste (en impossible propre) de son champ de détermination, toute pensée, y compris et surtout elle-même (la mathématique), dans l'état antérieur de son déploiement. Ainsi de l'incommensurable (Eudoxe), de la courbe réductible à un ensemble de segments (Archimède), des quantités évanouissantes (Leibniz et Newton), des indiscernables (Galois), des infiniment grands (Cantor), des infinitésimaux (Robinson), etc. Quant à la politique, elle ne tient sa valeur que de prescrire à une situation une « possibilité » que la norme immanente de cette situation constitue justement comme impossible, impossibilité qui, de surcroît, est en effet requise pour que la situation soit consistante. C'est ce qui est évident quand on songe à l'exécution du roi en 1793 (que du reste Kant considérait expressément comme impensable), ou au mot d'ordre « tout le pouvoir aux soviets » en 1917, ou à la maxime de Mao, intrinsèquement impossible, voire absurde, selon laquelle le moins fort peut vaincre le plus fort.

Si l'exigence de « mise en scène » de l'acte archi-esthétique implique que l'impossible est aussi bien l'impensable, voire que l'impossible est néant, il faudra conclure que ni la mathématique, ni la politique, ne sont des pensées. Car soutenir qu'elles pensent exige d'accorder à l'impossible un minimum d'être. C'est bien, hélas ! ce que, au prix d'une méconnaissance et de l'une et de l'autre, Wittgenstein, pour qui la fin commande les moyens, en vient à dire. Pour la mathématique, explicitement (et après le *Tractatus* avec un acharnement digne d'une meilleure cause) : « La proposition mathématique n'exprime aucune pensée » [6.21]. Pour la politique, de façon plus dispersée, mais tout aussi claire, nous le verrons.

La philosophie, dont les conditions pensantes reconnues enveloppent, outre le poème, à coup sûr la mathématique et la politique, discernera dans l'extension préliminaire de la non-pensée chez Wittgenstein le prix exorbitant payé pour que survienne — s'il est possible — le coup de dés de « l'élément mystique ».

Enfin, la troisième figure de la non-pensée, après la nomination et l'impossible, est le non-sens.

Cette catégorie est antiphilosophiquement centrale, puisque, nous l'avons vu, c'est elle (l'absurde) qui sert à stigmatiser la philosophie (la métaphysique, si on y tient absolument). Elle n'en est pas moins d'un maniement délicat, car, pour Wittgenstein, *il y a deux régimes du sens*. Examinons l'énoncé 6.41 :

« Le sens du monde ne peut résider qu'en dehors de lui. En lui tout est comme il est et tout arrive comme il arrive ; dans le monde il n'y a pas de valeur — et s'il y en avait, cette valeur serait sans valeur.

S'il y a une valeur qui vaille, elle doit résider hors de tout ce qui arrive, de tout ce qui est tel ou tel. Car tout ce qui arrive, tout ce qui est tel ou tel, est fortuit.

Ce qui le rend non fortuit, ne peut pas résider dans le monde, ou bien il serait lui même fortuit.

Il doit résider hors du monde. »

Que peut bien être le sens, dès lors que l'on parle de « sens du monde » (et nous savons que le nom de ce sens est Dieu) ? Certainement pas le même sens que celui qui est impliqué dans l'idée d'une proposition douée de sens. Car une proposition est douée de sens dès qu'elle décrit un état de choses. Or, c'est le propre d'un état de choses quelconque de pouvoir arriver, donc de pouvoir exister dans un monde. Il en résulte que le sens d'une proposition est toujours susceptible d'être lié à une réalité intra-mondaine, donc à une réalité fortuite, qui « est comme elle est ». Ce qu'alors nous dit Wittgenstein, c'est qu'un tel sens est *sans valeur*. En somme : tout sens détenu par une proposition est sans aucune valeur. C'est du reste le résultat déjà établi par l'énoncé 6.4 : « Toutes les propositions sont d'égale valeur. » Car si elles sont toutes d'égale valeur, c'est qu'aucune n'a une valeur « spéciale », qui valoriserait le sens dont elle est porteuse.

Par contre, le « sens du monde » a une valeur éminente. Son équivalence au sens de la vie autorise même à lui conférer une valeur suprême et à le nommer Dieu. Mais, bien entendu, ce sens qui a une valeur ne peut résider dans le monde, ni être dit par une proposition. Ajoutons que l'idée de valeur est clairement, pour Wittgenstein, exclusive de la contingence qui marque l'événementialité du monde. Ce qui est dans le monde est fortuit, et son sens est sans valeur, mais le sens du monde, qui a une valeur, doit être « non fortuit », ce qui impose qu'il « réside hors du monde ».

Il faut donc nettement distinguer deux acceptions du mot « sens » : le sens intra-mondain, dénué de valeur (et dénué de valeur *en particulier parce qu'il peut soutenir une vérité, soit une proposition énonçant « ce qui arrive »*), et le sens-valeur, *entièrement séparé de la vérité* (puisqu'il n'a rien à voir avec ce qui arrive), dont le nom ultime est Dieu.

Mais alors, surgissent deux problèmes :

– Si le sens-valeur est sens du monde, et si il y a *aussi* du sens (quoique sans valeur) dans le monde, ne faut-il pas admettre qu'il y a en réalité *un sens du sens* ? Et même, plus précisément, puisque c'est de pouvoir être « pris » dans une proposition vraie qui fixe le sens intra-mondain (vrai = ce qui arrive, le fortuit), n'y a-t-il pas *un sens des vérités* ? Et ce sens des vérités ne subsume-t-il pas par sa nécessité propre (le non fortuit) la contingence des vérités ?

Or, pour le philosophe que je suis, l'idée que les vérités, apparemment contingentes, sont enveloppées par un sens nécessaire — surtout si, comme c'est le cas chez Wittgenstein, cette idée n'est pas l'enjeu d'un argument, si elle n'obéit à aucune discipline des propositions, si elle est ordonnée à l'acte pur et silencieux — est *l'exacte définition théorique de la foi religieuse*. Il n'y aurait donc nul hasard à ce que « christianisme » nomme ce sens-valeur, qui à la fois surplombe, valorise et destitue le sens-vérité. Et la nouveauté inouïe de l'acte antiphilosophique ne serait à la fin que le retour à cette antique croyance dont tout l'effort philosophique est de nous extirper.

– S'il y a deux acceptions du mot « sens », il doit y avoir aussi deux acceptions de l'absurde (du non-sens). Nous demandons alors à l'antiphilosophe Wittgenstein : en quel sens prend-il « non-sens » lorsqu'il déclare que tel est le statut des questions et propositions philosophiques (métaphysiques) ?

Ce point est extrêmement tortueux. Nous avons déjà dit que l'absurdité de l'acte philosophique, pour Wittgenstein, tient en une sorte de forçage des capacités de langage. La philosophie prétend faire tenir dans la forme de la proposition ce qui ne peut y entrer. Mais de quoi s'agit-il ? Bien évidemment, d'hypothèses sur le sens du monde. On peut donc dire que l'absurdité de la philosophie résulte de ce qu'elle croit pouvoir forcer l'indicible sens (Dieu, si l'on veut) à se dire dans la forme du sens propositionnel.

Ou encore (et c'est le plus important) : la philosophie est ce qui présente le sens « éminent », lequel est hors du monde, comme s'il était un état de choses qu'une proposition peut décrire, et donc comme s'il était susceptible de vérité. En définitive, *l'absurdité philosophique est de croire qu'il y a une vérité possible du sens (du monde), alors qu'il n'y a qu'un sens possible (divin) des vérités (scientifiques).*

De ce point de vue, « non-sens » se construit en fait comme une impossible liaison des deux acceptions du mot « sens ». Nous retrouvons évidemment le point décisif : l'antiphilosophe déclare le sens (indicible) supérieur au sens dicible, donc aux vérités possibles, et accuse l'acte philosophique de vouloir inverser cette hiérarchie, en soumettant aux règles de la vérité ce qui, en réalité, leur donnant sens, ne peut s'y plier.

Tout se concentre donc sur ce qui est indubitablement la croix et du philosophe et de l'antiphilosophe : le rapport du sens et de la vérité. En quoi ils se distinguent l'un et l'autre du sophiste (que le Wittgenstein tardif est souvent devenu), pour qui :

1. Il n'y a pas deux régimes du sens (le sens du monde et le sens intra-mondain), mais un espace unique, intra-mondain, où règne la polysémie.

2. Il n'y a pas de vérité.

Le philosophe fera à « l'inversion des valeurs » caractéristique de *toute* antiphilosophie (affirmer la supériorité du sens sur les vérités) deux objections.

Tout d'abord, il n'est pas exact que la philosophie « soumette » le sens à la vérité. La thèse philosophique profonde, manifeste dès la doctrine platonicienne de l'Idée du Bien comme norme trans-idéelle des vérités, est que *les vérités n'ont aucun sens*, qu'elles font « trou » dans le sens. C'est l'antiphilosophe qui exige, pour toute vérité, la condition préalable du sens (pour qu'une proposition décrivant un état de choses soit vraie, il faut *d'abord* qu'elle soit douée de sens, donc décrive en effet un état de choses possible, et *ensuite* qu'on vérifie que cet état de chose « arrive »). La philosophie n'obéit pas à un tel réquisit, et il en résulte que, contrairement à ce que croit Wittgenstein, la forme philosophique (la *thèse*) n'est pas la forme de la proposition. Elle articule bien plutôt des ressources empruntées aux processus de vérité les plus évidemment disjoints du sens (si « sens » veut dire description d'un état de choses) : la mathématique (paradigme des vérités insensées) et la poésie (nomination pensante de l'innommé).

L'antiphilosophe ne peut discréditer l'acte philosophique qu'en fabriquant une doctrine si restrictive et si incommode de la vérité, qu'il semble en effet absurde d'y voir le ressort de toute pensée (ou non-pensée) possible. Le procédé est déjà mis au point par Pascal, qui semble ignorer que Descartes livre les vérités à l'absence radicale de sens, puisqu'il les suspend, même quand elles sont mathématiques, à une indéchiffrable liberté divine. Il est tout aussi actif chez Nietzsche, qui forclôt la dimension anonyme et indifférente des vérités, pour mieux se gausser de leur « valeur » réactive et morale. Mais, en la circonstance, c'est l'antiphilosophe qui spécule sur la « valeur » des vérités. Pour le philosophe, c'est bien assez d'endurer *qu'il y en ait*. Oui, l'acte philosophique touche au non-sens, mais c'est le non-sens des vérités. Et c'est parce qu'il demeure ordonné au sens que l'acte antiphilosophique est *sans vérité*.

Deuxièmement, si même on accorde à Wittgenstein que la philosophie produit des propositions dénuées de sens, on lui demandera de nous expliquer comment il se fait que de telles propositions existent. Il est assuré qu'une proposition *arrive*, elle est dans le monde. Comme le dit Wittgenstein, « le signe propositionnel est un fait » [T. 3.14]. Comment caractériser, en tant que fait, la proposition (philosophique) dénuée de sens ? Wittgenstein est loin, sur ce point, d'avoir les scrupules que manifestent les philosophes quand ils traitent (et ils y sont toujours contraints) la délicate question de l'existence du dire sophistique. Cette seule question amène Platon, dans le *Sophiste*, à des développements créateurs d'une terrible complexité. On aimerait que l'antiphilosophe traite l'existence des propositions absurdes (philosophiques) avec la même animation, la même invention, que celle que met le philosophe à rendre raison de l'existence des propositions purement rhétoriques (sophistiques). À quoi nous renvoie Wittgenstein ?

Aux « confusions » du langage ordinaire, aux homonymies, aux interférences de fonctions, à l'exemple (travaillé depuis l'aube des temps par les philosophes) du mot « est », lequel « apparaît comme copule, comme signe d'identité et comme expression de l'existence » [T. 3.323]. Et il conclut tranquillement [T. 3.324] : « D'où la facilité avec laquelle se font les confusions les plus fondamentales (dont la philosophie regorge) ». « Facile », donc, le problème des propositions dénuées de sens ?

Juste une petite sortie dans cette « facilité ». Quand je dis qu'une proposition est dénuée de sens, je forme une proposition. Cette proposition décrit un état de choses, nommément la proposition (philosophique) dénuée de sens, traitée ici comme pur fait. Ceci exige que « dénué de sens » soit :

1. une propriété immédiatement compréhensible, attribuable à cet état de choses (la proposition philosophique), ce qui veut dire qu'il y a un sens au fait de n'avoir pas de sens, que « non-sens » appartient, comme tout ce qui se laisse penser sous la forme d'une proposition, au registre du sens ;

2. une possibilité substantielle de la liaison d'objets dont la proposition « cette proposition est dénuée de sens » est le tableau langagier. Ce qui veut dire qu'un non-sens doit être enraciné dans l'être éternel des objets, au titre de combinaison singulière d'objets indiscernables.

Ce genre de questions — ordonné pour ce qui le concerne au statut ontologique du dire mimétique des sophistes — est abordé par Platon avec un sérieux exemplaire. Il est ainsi amené à refondre sa doctrine de l'être, de façon à faire place à un « support d'être » du non-être. On ne saurait dire que Wittgenstein produit, contre les propositions philosophiques, un effort comparable. Les « facilités » langagières qu'il invoque — outre qu'elles sont responsables à distance des médiocrités de la « philosophie du langage ordinaire » — ne sont pas même conséquentes avec sa propre ontologie.

La seule autre voie — si l'on ne veut pas s'engager dans l'examen rigoureux, et du sens du non-sens, et de ce qui le supporte dans l'être éternel des objets — serait d'affirmer que les propositions philosophiques sont des non-sens « stricts », des mots sans suite, des séquences matérielles langagièrement incompréhensibles. Donc que la philosophie n'est pas « absurde », mais qu'elle est néant, en ce sens précis qu'elle ne forme pas de propositions du tout. Mais alors, l'antiphilosophe serait privé de toute matière critique, de toute capacité à présenter son acte comme rupture, et relais, au regard de l'acte philosophique. Outre qu'il serait bien difficile de comprendre comment il se fait que des siècles entiers ont *entendu* les propositions philosophiques.

En définitive, la triple instance de la non-pensée (la nomination, l'impossible, le non-sens) se heurte à la triple existence du poème, du mathème et de la philosophie elle-même.

Cependant, nous n'avons pas épuisé, loin de là, les ressources de Wittgenstein. Car l'opposition entre « sens du monde » et « sens intramondain », laquelle sous-tend le chiasme entre philosophie et antiphilosophie sur la question du sens et de la vérité, renvoie, ontologiquement, à la différence entre ce qui est « nécessaire » et ce qui est fortuit. Or, si un état de choses « arrive » au monde de façon absolument contingente, il existe néanmoins une figure de nécessité *de la forme « monde » comme telle*. Et cette nécessité confère un autre statut à la vérité que son simple statut empirique.

C'est le problème de la logique et de son assise ontologique. Lequel exige qu'après la proposition atomique nous examinions la proposition complexe. Ce mouvement du simple au multiple, qui occupe les deux tiers du *Tractatus*, s'inscrit dans la stratégie antiphilosophique de la façon suivante : pour autant qu'il y a des « vérités éternelles », non fortuites et non empiriques, qui puissent prendre la forme de propositions (et finalement il y en a, ce sont les propositions de la logique), *elles n'ont aucun réel*. Par conséquent, le réel relève bien de l'acte, et non de la proposition. Il s'agit de se préparer à l'élément mystique par l'*évidement* de l'éternité qui s'inscrit dans les propositions logiques. Cette préparation culmine dans les deux énoncés que voici :

6.1. : « Les propositions de la logique sont des tautologies. »

6.111 : « Par conséquent les propositions de la logique ne disent rien. »

8

Qu'est-ce qu'une proposition complexe ?

Puisque les propositions atomiques décrivent des liaisons d'objets (des états de choses), on pourrait aisément imaginer que les propositions complexes décrivent des liaisons d'états. À l'unité simple des objets correspondrait l'unité simple des noms, à une liaison d'objets (un état) correspondrait une proposition atomique, et à une liaison d'états correspondrait une proposition complexe, articulant entre elles plusieurs propositions atomiques.

La difficulté ontologique essentielle de ce dispositif, où les propositions atomiques sont pour les propositions complexes ce que les noms sont pour les propositions atomiques, est que si les objets sont liés (ont des « relations externes »), *les états ne le sont pas*. Nous avons déjà vu qu'un état de choses était absolument indépendant. L'énoncé 2.062 indique en toute clarté que même en ce qui concerne le fait « d'arriver » (d'être du monde), c'est-à-dire d'exister, les états n'entretiennent entre eux nul rapport : « De l'existence ou de l'inexistence réelle d'un état on ne peut conclure à l'existence ou à l'inexistence réelle d'un autre. » Les états de choses sont indépendants dans l'ordre de l'être (substantiel), et sans aucune corrélation dans l'ordre de l'existence (mondaine).

Une proposition complexe n'est donc nullement destinée à faire tableau d'une liaison intrinsèque, qu'elle soit ontologique ou événementielle, entre états de choses. À supposer que les propositions complexes *puissent* fixer une nécessité (quelque chose de non fortuit), il ne s'agira en aucun cas d'une nécessité « réelle », qui désignerait des liens effectifs, substantiels ou mondains entre multiplicités d'objets.

Quel peut bien alors être le sens des propositions complexes ?

Au départ, une proposition complexe n'est absolument rien d'autre qu'une juxtaposition de propositions atomiques, chacune de ces propositions décrivant un état de choses. Tant qu'on en reste là, n'importe quelle juxtaposition a du sens, sens qui n'est rien d'autre que la « somme » des descriptions atomiques. La proposition complexe n'a donc aucun intérêt si on la rapporte à l'être éternel des objets et de leurs liaisons. C'est une simple énumération d'états.

L'intérêt s'introduit quand on examine *l'existence* des états dans la réalité (dans le monde). C'est-à-dire quand on prend en compte la capacité des propositions à être vraies ou fausses.

Soit par exemple une proposition atomique p, qui décrit un certain état de choses. Et soit la proposition atomique q, qui décrit un autre état. La juxtaposition de p et de q pourra être dite « vraie » et l'état de choses décrit par p *et* l'état de choses décrit par q sont l'un et l'autre « arrivés », sont constatables dans le monde. On pourra donc distinguer un « type » de proposition complexe (ici, la conjonction « p et q ») par la manière dont il attribue une valeur de vérité à la proposition complexe en fonction de la valeur de vérité des propositions atomiques. C'est l'énoncé crucial : « Les propositions atomiques sont les arguments de vérité de la proposition. »

Il est essentiel de noter que dans cette affaire, le « et » (dans p et q) ne renvoie à rien de réel, et n'a donc par lui-même aucun sens. Ce qu'il y a, ce sont les états décrits par p et par q, en tant qu'ils « sont » éternellement, et en tant qu'ils « existent » dans le monde (ou pas). Les signes logiques (et, ou, implique, etc.) ne sont que des moyens commodes d'enregistrer qu'une certaine juxtaposition de propositions atomiques possède, *eu égard à l'existence ou à l'inexsistence des états que ces propositions décrivent*, une certaine valeur de vérité. Ou encore, comme dit Wittgenstein : « Il n'existe pas de constantes logiques au sens de Frege ou de Russell » [T. 5.4.]. Ce qui veut dire qu'il n'y a aucune ontologie des connecteurs logiques : ils ne font que « ponctuer » la valeur de la juxtaposition, quand on la saisit du point du monde, donc du point du vrai (ou du faux) : « Les signes logiques d'opération sont des ponctuations. »

Autre exemple : la proposition atomique p décrit un certain état de choses. Que dire de la proposition « non-p »? Elle se réfère au même état de choses, celui décrit par p. Ou, comme le dit Wittgenstein [T. 4.0621], aux propositions p et non-p

« correspond une même réalité ». Seulement, p affirme l'existence dans le monde de ce référent, tandis que non-p en affirme l'inexistence. Du point de vue du monde, il n'est évidemment pas possible que l'état décrit par p « arrive » et en même temps n'arrive pas. Donc la proposition complexe « p et non-p » est fausse.

De façon générale, une proposition complexe est un groupe de proposition atomiques tel que, quand on connaît (par constat empirique) la vérité ou la fausseté des propositions atomiques (l'existence ou l'inexistence des états qu'elles décrivent), on en tire un *résultat* quant à la valeur de la proposition complexe, donc quant au fait de savoir si le « groupe » des propositions atomiques est, ou non, *une description partielle du monde*. Ce résultat est appelé par Wittgenstein une opération de vérité, et on peut alors dire que [T. 5.3] « toute proposition résulte d'opérations de vérité effectuées sur des propositions atomiques ».

Si une proposition complexe est vraie, elle inscrit comme description partielle du monde un ensemble de propositions atomiques selon leur vérité ou leur fausseté. C'est pourquoi une proposition complexe vraie est scientifique. Et que [T. 4.11] « l'ensemble des propositions vraies forme la science de la nature en son entier ». On notera au passage un typique *confinement* de la vérité « complexe » dans le registre de la « science de la nature », évidemment destiné, d'une part à discréditer la philosophie (qui prétend traiter du vrai *ailleurs* que dans la science de la nature), d'autre part à exalter, du biais de l'acte, l'élément mystique, qui est sens du sens, et jamais vérité.

Nous voici aux parages d'un tournant délicat. Son point de départ est le suivant : une proposition (complexe) vraie ou portant sur le monde *se signale par ceci qu'elle pourrait être fausse*. En effet, le monde est « tout ce qui arrive » (ou « tout ce qui est le cas »), et, nous le savons, ce qui arrive est contingence pure. Si donc une proposition complexe est vraie, entre autres choses, parce que la proposition atomique p qui y figure est vraie, cela veut dire qu'elle est vraie parce que c'est le cas (constatable) que l'état décrit par p est dans le monde. Mais il n'y a nulle nécessité (substantielle, ontologique) à ce qu'il y soit. Ce pourrait donc être le cas qu'il n'y soit pas et que, par conséquent, la proposition complexe initiale soit fausse.

Une proposition *scientifique*, qui est une description partielle du monde, ne tient sa vérité que du constat (contingent, empirique) de l'existence ou de l'inexistence des états, que du biais des propositions atomiques elle implique. Nul n'a poussé plus loin que Wittgenstein — et pour des raisons antiphilosophiques évidentes (les vérités scientifiques sont sans intérêt) — le thème fameux de la contingence des lois de la nature : les énoncés scientifiques sont vrais fortuitement. Du point de l'être substantiel et éternel, ils n'ont aucune valeur particulière, ils pourraient être autres qu'ils ne sont.

Si je dis par exemple « p et non-q », cette proposition est vraie (scientifique) pour autant que je constate que « c'est le cas que p » et que « ce n'est pas le cas que q ». Une proposition fait partie de la science de la nature du fait que je constate l'existence ou l'inexistence des états concernés. Mais rien de la proposition *elle-même* ne m'indique qu'elle est vraie, donc scientifique. Je dois faire le détour par le pur hasard du monde.

Qu'en est-il alors des propositions complexes, si elles existent, qui sont vraies *indépendamment de la réalité du monde*, indépendamment de ce qui arrive ?

Prenons par exemple la proposition complexe « p ou non-p ». Le « ou », sans référent réel, signifie seulement ceci : je considère l'état décrit par p, et j'affirme que ou bien il arrive (existe dans le monde), ou bien il n'arrive pas. Il est clair que le monde, *quel qu'il soit*, et précisément parce qu'il est événementiel, exige que ce soit l'un ou l'autre (contrairement à la substance éternelle, où la possibilité que cette table soit jaune est une combinaison d'objets compossible, quoique sans aucun lien, avec la possibilité qu'elle ne soit pas jaune). Mais si l' un « arrive », c'est que l'autre n'arrive pas. Il en résulte que la proposition « p ou non-p » est vraie tout à fait indépendamment de la question de savoir si l'état décrit par p existe ou non. Et par conséquent, indépendamment de ce qu'est le monde.

Nous découvrons enfin une nécessité : celle de la vérité de certaines propositions complexes. Une proposition qui est nécessairement vraie, quel que soit le monde, et donc quelle que soit la valeur (fortuite, contingente) des propositions atomiques qui y figurent, sera appelée une *tautologie*. Ce sont ces propositions qui fixent un ordre de nécessité soustrait à la radicale contingence de la vérité des énoncés scientifiques (au sens de la science de la nature). Cet ordre est la logique : « Les propositions de la logique sont des tautologies » [T. 6.1].

Mais *de quoi* cette nécessité est-elle la nécessité ? Ce n'est évidemment pas une nécessité du monde, ou dans le monde. Et ce pour la bonne raison que les tautologies ne disent *rien* du monde. Et pour cause ! Dire quelque chose du monde, c'est toujours affirmer (ou nier) que tel ou tel état « arrive ». Or, la vérité d'une tautologie où figure un énoncé atomique p est précisément indifférente à ce point, puisqu'elle doit toujours se maintenir, que l'on suppose que « c'est le cas que p » ou que l'on suppose le contraire. D'où l'énoncé fondamental : « Les propositions de la logique ne disent rien » [T. 6.11].

En vérité, il n'y a pas de nécessité du monde, ou dans le monde. C'est un thème constant de Wittgenstein : « Il n'y a pas de contrainte qui fasse qu'une chose déterminée doive se produire parce que quelque chose d'autre s'est produit » [T. 6.37]. Mais il y a nécessité *pour le monde*, il y a des lois (vides) imposées aux états dès lors qu'ils arrivent, ou n'arrivent pas. Par exemple, c'est une nécessité que l'état décrit par p, s'il arrive dans le monde, il lui soit impossible de ne pas arriver. D'où la tautologie « p ou non-p » (le « ou » est strict, exclusif). Ou encore, c'est une nécessité que si l'état décrit par p arrive, et qu'arrive aussi l'état décrit par q, alors il soit impossible que l'arrivée de q interdise celle de p. D'où la tautologie : « p et q implique que non-(q implique non-p) ». Tout ceci étant indifférent au fait de savoir si tous ces états arrivent ou non dans le monde.

Fixons le vocabulaire, un peu à distance de celui de Wittgenstein, qui n'est pas toujours stable. Appelons « être » d'un état, sa substance (une liaison d'objets). C'est en décrivant cet être que la proposition atomique a un sens. Appelons « existence » d'un état le fait d'arriver, le fait que ce soit le cas qu'il est dans le monde. C'est en affirmant à bon droit l'existence que la proposition est vraie (en l'affirmant à tort qu'elle est fausse). Une existence n'est *jamais* nécessaire, elle doit être constatée, et les propositions vraies liées à des constats d'existence sont scientifiques.

Les tautologies, qui sont nécessaires, ne sont liées à nul constat d'existence. Cependant, elles ne sont pas non plus des lois de l'être (car dans l'être, ou substance, l'état p et un état incompatible « existentiellement » avec p peuvent parfaitement co-être). Les tautologies sont des lois, *non de ce qui existe, mais de l'existence.* Entendons par là que c'est pour tout monde possible, pour la mondanité (ou existence) en général, que s'imposent les énoncés comme « p et q implique que non-(q implique non-p) ».

Ces énoncés nécessaires, qui montrent ce que Wittgenstein nomme « l'armature » du monde (et qui est autre chose que ce qui y existe), portent à son comble l'écart entre sens et vérité. Car ils paient à leur nécessité le prix de n'avoir aucun sens : « La tautologie n'a aucun sens » [T. 4.461]. Ce qui est assuré, puisque les tautologies ne décrivent aucun monde particulier.

Finalement, le monde est d'une part absolument hasardeux et sans loi dans la singularité de son existence. Mais il est logiquement prescrit, au sens où le seul fait d'exister emporte avec lui des contraintes logiques. Ajoutons que ces contraintes sont dépourvues de sens, alors que le sens règne dans le hasard du monde. Le partage se dit ainsi : « Hors la logique, il n'y a que hasard » [T. 6.3].

Les tautologies ont ainsi au monde un lien définissable, qui est de lui prescrire sa « forme » monde, du biais d'une législation vide de l'existence (du « arriver ») en général. Cette prescription n'est pas un dire, c'est une monstration des lois auxquelles tout dire est astreint, puisque tout dire décrit un monde et que les tautologies sont vraies pour « tout » monde. L'énoncé 6.124, qui mérite d'être longuement médité, récapitule la fonction de la logique au regard de l'être et de l'existence. L'être y est invoqué du biais des noms, l'existence du biais du monde :

« Les propositions logiques décrivent l'armature du monde, ou plutôt elles nous la présentent. Elles ne "traitent" de rien. Elles présupposent que les noms signifient quelque chose, et que les propositions atomiques ont un sens : c'est là leur liaison avec le monde. Clairement, le fait que certaines liaisons de symboles — qui possèdent par essence un caractère déterminé — soient des tautologies ne peut qu'indiquer quelque chose concernant le monde. »

Ce « quelque chose » est qu'il y a des lois de l'existence, indifférentes à ce qui existe, et où une vérité s'enclôt dans une proposition au défaut de tout sens.

9

On dira alors : de quoi vous, philosophe, vous plaignez-vous ? Voici que Wittgenstein reconnaît l'existence de vérités dépourvues de sens, de vérités insensées. Or, vous soutenez que tel est le point central de l'acte philosophique. Où est ici le contentieux, où est l'antiphilosophie ?

Le style philosophique ignore la plainte. Ce sont les antiphilosophes qui ne cessent de se plaindre du sort que leur réserve le monde ! Voyez les dérélictions de Rousseau, les invectives de Nietzsche ! Je ne me plains de rien. Je considère avec suspicion ces vérités tautologiques, et ce pour trois raisons :

1. Tout d'abord, le fait que les propositions de la logique soient dépourvues de sens, et cependant vraies et nécessaires, est exactement lié au fait qu'elles ne disent rien, qu'elles sont en effet purement logiques, c'est-à-dire vides. Or, la philosophie pense qu'il existe des propositions dépourvues de sens, vraies et nécessaires, mais qui *disent* un réel. Le paradigme de ces propositions se trouve dans la mathématique, laquelle dit l'être, en tant qu'être. Ma première question est donc : quel statut Wittgenstein accorde-t-il aux propositions mathématiques ? Et en particulier, quel est le rapport entre proposition logique et proposition mathématique ? Ce point est depuis toujours une ligne de démarcation majeure entre la philosophie d'une part, l'antiphilosophie et la sophistique d'autre part.

2. La construction par Wittgenstein de la logique comme science de l'existence en général (science non mondaine de la forme-monde) est impressionnante. Mais elle ne va pas jusqu'au bout, et cet arrêt reste motivé par le désir d'un acte « non théorique ».

Reprenons les données :

– L'être est impensable, puisque nous n'avons nulle pensée des objets. Nous ne pouvons que les nommer.
– L'existence a des lois pensables : les propositions logiques. Mais ces lois n'ont aucun sens.
– Ce qui existe (le monde) est entièrement contingent.

Il est à mon sens requis de poser la question suivante : *quel rapport y a-t-il entre l'être et les lois de l'existence ?* Car si la contingence radicale des événements qui composent le monde sépare celui-ci absolument de son être substantiel, il est presque certain qu'en revanche, le fait qu'il y a des lois nécessaires de l'existence (donc de l'événementialité du monde) indique une corrélation entre l'être et l'existence, une prescription ontologique, non sur le monde, mais sur la mondanité du monde. Le partage qu'opère Wittgenstein entre le hasard d'une part (propositions scientifiques) et la nécessité d'autre part (propositions logiques) est incomplet. Il faut encore penser la nécessité logique comme ce qui, de l'être du monde, informe le hasard du monde. Bref : Wittgenstein laisse dans l'ombre les conditions ontologiques de sa logique. On demandera donc quelles elles sont, étant entendu que le motif de cette lacune n'est que trop évident : si la logique est sous condition de l'être, on ne peut plus soutenir *absolument* qu'elle est dépourvue de sens. Il en résulte que ce *n'est pas* dans le seul vide logique que passe le hiatus entre sens et vérité, et que peut-être ce hiatus a une forme théorique (alors qu'évidemment, pour Wittgenstein, « la logique n'est pas une théorie » [T. 6.13]).

3. Le dispositif général de Wittgenstein indique trois dimensions « intellectives » irréductibles (je dis « intellectives », car « pensée » n'est pour lui qu'un cas, et pas le meilleur) :

– L'intellection des lois de l'existence : la logique.

– L'intellection du monde (ou de ce qui existe) : la science de la nature.
– L'intellection du sens du monde, ou du sens de ce qui existe, ou de la valeur : l'élément mystique, silencieux, voué à l'acte pur.

On constate que le dire (les propositions douées de sens) s'établit entre deux non-dires : le logique, dénué de sens, qui s'inscrit cependant dans des propositions (les tautologies), et l'esthétique (ou moral), qui, lui, est radicalement rebelle à toute inscription propositionnelle.

On demandera alors quel *trait commun* il y a, du point de l'être substantiel, entre les deux figures de la monstration, ou figures du non-dire : celle qui est quasi-propositionnelle, la logique, et celle qui est silencieuse, et où se donne l'acte antiphilosophique. Pour couper court : on demandera, dans le droit fil de l'enseignement de Lacan, s'il y a une *logique de l'acte*.

Ces trois questions vont structurer toute la fin de notre développement.

10

La question simple : « la mathématique est-elle une pensée ? » organise souterrainement le débat entre philosophie et antiphilosophie.

Pourquoi ? Parce que si les propositions mathématiques sont pensantes, cela veut dire qu'il existe un dire sans expérience d'objet, un accès a-subjectif et réglé à l'intelligible. Que l'être n'est pas nécessairement forclos de toute proposition. Que l'acte est peut-être lui-même de nature théorique. Tout cela, l'antiphilosophe le récuse absolument. D'où la ligne générale des antiphilosophies sur ce point : la mathématique n'est pas une pensée, c'est un *calcul.* Et du biais de sa dimension « calculatrice », ou de pure opération sur des signes, s'établit la maxime invariable : la mathématique est une variante de la logique.

Ce que Wittgenstein déclare avec sa coutumière brutalité : « La mathématique est une méthode logique » [T. 6.2].

Dans la suite de sa « carrière », Wittgenstein fera preuve, contre l'idée d'une singularité pensante des mathématiques, d'un acharnement extraordinaire. Il emploiera pour ce faire — lui qui connaissait fort bien la question — les moyens de la superficialité la plus provocante, donnant des théories les plus profondes et les plus ingénieuses (singulièrement celles de Cantor ou de Gödel) des versions si inexactes et si maigres, que ses plus ardents thuriféraires en sont quelquefois déconcertés et doivent consacrer de fort volumes à en tenter une justification.

Cet acharnement résulte de ce que Wittgenstein est convaincu — à juste titre — que depuis Platon, la mathématique est l'appui décisif de ce qu'il considère comme l'imposture majeure : l'imposture métaphysique. Ramener la mathématique au sort commun, montrer par tous les moyens, y compris les plus bas, qu'il n'y a rien dans les mathématiques qu'on ne puisse trouver dans n' importe quel « jeu de langage », de préférence le plus futile, est un travail ingrat et interminable, mais le jeu en vaut la chandelle : on sauvera ainsi les droits de la « philosophie du langage ordinaire » comme substitut à la funeste saisie des vérités, qui est le propre de l'acte philosophique.

Dans le devenir sophistique du Wittgenstein tardif, les procédés essentiels consistent à relativiser, à suspendre, à anthropologiser la mathématique, à en faire un jeu conventionnel dépendant en dernière instance de nos habitudes langagières. Un passage des notes publiées sous le titre (particulièrement ironique) de « Remarques sur les fondements des mathématiques » illustrera cette méthode. On y verra qu'au style constamment affirmatif du *Tractatus* succède un style constamment interrogatif, ce qui est le marquage quasi physique du moment où une antiphilosophie, lassée de la vaine attente silencieuse de son acte inouï, se perd dans un bavardage suspensif emprunté à la sophistique. On verra aussi que, au terme de ce criblage, ce n'est pas la ferme vertu critique qui nous envahit, mais une sorte de vertige opaque :

« Imagine que la théorie des ensembles ait été inventée par un personnage satirique comme une sorte de parodie des mathématiques. — On lui aurait par la suite trouvé un sens raisonnable et elle aurait été intégrée aux mathématiques. (Car si l'un peut la considérer comme le paradis des mathématiciens, pourquoi l'autre ne la regarderait-il pas comme une plaisanterie ?)

La question est : en tant que plaisanterie n'est-elle pas aussi de toute évidence mathématique ?

Et pourquoi est-elle de toute évidence mathématique ? — Parce que c'est un jeu avec des signes qui suit des règles ? Ici n'est-on pas de toute évidence en train de construire des concepts même si l'on n'est pas clair sur leurs applications ?

Mais comment peut-on posséder un concept sans être clair sur son application ? »

Dans le *Tractatus*, la ligne suivie est à la fois plus radicale et plus consistante. Elle revient à dé-singulariser la mathématique en l'identifiant à la vacuité de la logique.

Le raisonnement repose entièrement sur le fait que, d'après Wittgenstein, une proposition mathématique est toujours une égalité : « La logique du monde, que les propositions de la logique font voir dans les tautologies, la mathématique la fait voir dans les égalités » [T. 6.22]. Or, une égalité ne *dit* rien sur ses deux membres, elle ne s'intéresse pas à la question de savoir si c'est le cas ou non. Ainsi, pour établir une égalité, nous n'avons nul besoin de voir le monde, ce qui prouve que les propositions mathématiques n'ont aucun sens : « Le fait que les propositions mathématiques soient démontrables ne veut rien dire d'autre, sinon que leur exactitude peut être aperçue sans qu'il faille pour cela comparer l'exactitude de ce qu'elles expriment avec les faits » [T. 6.2321].

Pour Wittgenstein, la mathématique est un calcul « aveugle », en ceci qu'elle progresse d'égalité en égalité par le simple artifice de substitutions, sans avoir jamais à penser quoi que ce soit. L'énoncé 6.24 récapitule cette vision langagière (« [en mathématiques] c'est précisément la langue qui nous fournit l'intuition », T. 6.233), opératoire, et sans pensée, de la progression mathématique :

> « La méthode qui permet à la mathématique d'établir ses égalités est la méthode de substitution.
>
> Car les égalités expriment qu'une expression peut en remplacer une autre, et nous progressons d'un certain nombre d'égalités vers de nouvelles égalités en remplaçant des expressions par d'autres conformément aux égalités. »

La théorie des ensembles fait particulièrement objection à cette vision des choses, par les énoncés existentiels étonnants qu'elle démontre, en particulier concernant l'infini. Dans l'infini, il est douteux qu'on puisse ramener l'existence à « ce qui est le cas », à ce qui se laisse « constater » comme fait. Aussi bien, toute sa vie, Wittgenstein poursuivra la théorie cantorienne d'une haine vigilante, et ce dès le *Tractatus* : « En mathématiques la théorie des classes est complètement superflue. »

Peu nous chaut l'aplomb de tels énoncés. Il est temps de souligner que la conception des mathématiques esquissée par Wittgenstein est légère et indéfendable.

Tout d'abord, l'essence d'une proposition mathématique n'est pas l'égalité. Les théorèmes profonds appartiennent à au moins quatre types :

1. Les théorèmes d'existence, particulièrement éloignés de tout réductionnisme logique. Ils posent le problème d'une existence « non mondaine », ou non fortuite. C'est à l'ontologie de s'accommoder de tels théorèmes, et non à ces théorèmes de disparaître pour qu'une ontologie soit sauve.

2. Les théorèmes de puissance (comme celui qui établit, dès les Grecs, l'existence d'une infinité de nombres premiers). Ils posent le problème de l'être-infini, que toute philosophie doit intégrer, plutôt que de se retourner contre les mathématiques.

3. Les théorèmes de décomposition (très nombreux en algèbre), qui établissent qu'une structure se laisse penser comme produit de structures plus simples. Ils posent le problème de la désintrication de l'être-multiple, de la non-indépendance des multiplicités enchevêtrées (contrairement à l'atomistique des « états de choses »).

4. Les théorèmes de présentation (comme celui qui montre que

toute algèbre de Boole se laisse présenter comme algèbre d'ensemble), qui posent le problème de la singularité typique, du type d'être qui « représente » un concept.

On est là au cœur de l'investigation pensante des mathématiques : questions de la suture des existants à leur être, de l'infini, de la composition des multiplicités, de la typification. Le calcul et les égalités sont fort importants, bien sûr, mais ils ne sont que des tracés seconds, des protocoles expérimentaux, des garanties d'exposition pour le mouvement des idées.

Si Wittgenstein laisse tout cela de côté au profit d'une vision algorithmique et « vide », c'est bien entendu pour écarter le spectre d'une pensée qui serait par elle-même trans-mondaine, bien que capable de s'exercer dans la forme du dire.

En fait, les mathématiques, représentées comme pensée ordonnée à l'être lui-même, sont un obstacle majeur dans la voie qui mène à la suprématie éthique de l'acte. Pour le dire en un mot : si les mathématiques pensent, alors le platonisme a du sens. Or s'il est une chose sur laquelle les antiphilosophes Nietzsche et Wittgenstein sont d'accord, c'est bien que Platon est exécrable.

En ce sens, les mathématiques (hormis leur caricature purement logique) sont plus qu'une erreur de pensée. Elles en sont *le péché*. C'est du reste bien ce qu'écrira Wittgenstein dans les années quarante : « Il n'y a pas de religion où le mauvais emploi d'expressions métaphysiques ait été responsable d'autant de péchés qu'en mathématiques. »

Identifier la mathématique à la logique, c'est avant tout prendre toutes les précautions nécessaires pour que la tentation pécheresse de croire en une pensée de l'être soit écartée. Que les mathématiques en sortent exsangues et méconnaissables n'a guère d'importance, au regard de la grandeur salvatrice de « l'élément mystique ».

11

Tournons-nous maintenant vers la question de la « jointure » entre l'être (objets substantiels) et l'existence (contingence du monde). Nous avons soutenu que la logique s'y trouvait impliquée, puisqu'elle prescrit au monde son « armature », donnant ainsi les lois (formelles) du monde en tant que monde, de la *possibilité* du monde.

Mais si nous cherchons ce qui, dans le *Tractatus*, est au plus près de cette question, nous trouvons qu'il s'agit tout simplement du *Sujet*. Pourquoi ? Parce que Wittgenstein appelle « sujet » ce qui du monde est, non pas une de ses parties, mais sa frontière. Et que donc, en un sens certes difficile et oblique, mais indubitable, le sujet est le nom *d'un « être » global de l'existant*.

Le problème devient alors celui du lien problématique entre la logique et le sujet. Ce qui n'a pas manqué de requérir l'attention de Lacan, dont tout le propos est bien de fonder une logique (paradoxale) du sujet.

La sympathie de Lacan pour Wittgenstein est d'abord celle d'un antiphilosophe pour un autre. Lacan se réjouit de ce que « cette opération dite wittgensteinienne ne soit rien qu'une détection de la canaillerie philosophique ». Voilà qui est clair ! Et en quoi consiste cette canaillerie ? Dans la supposition qu'il y a un métalangage. Car le supposer, comme depuis Parménide la philosophie n'a cessé de le faire, c'est toujours vouloir être l'Autre de quelqu'un, se mettre là où les figures de son désir seront captées.

Si je dis « il fait jour », j'annonce par là même que c'est vrai (et d'après Lacan, Wittgenstein a excellemment saisi ce point : le vrai comme subjectivation énonciative). Il y a canaillerie philosophique si je suppose qu'une nécessité métalangagière m'exhorte à examiner cette assertion de vérité sous la forme « la proposition *il fait jour* est vraie ». Car du coup, j'oblitère le sens, qui est que l'assertion « il fait jour », qui s'annonce comme vraie, s'enlève comme une tactique subjective, investie par mon désir de la prononcer. Le métalangage philosophique, qui met entre guillemets la proposition, fait comme si on pouvait renvoyer la dimension énonciative du vrai à « l'objectivité » de l'énoncé, comparaissant dès lors devant le tribunal de la Vérité. Il dissimule l'éclipse désirante du sujet au profit d'un supposé Je identique à lui-même, un Je qui maîtrise, un Je-canaille. La philosophie vit au régime de la Je-cratie.

Or, Wittgenstein répudie absolument tout métalangage. C'est bien évident, puisque ce qui peut se montrer ne peut se dire, et que ce qui peut se dire ne peut se montrer. Cette irréductibilité interdit qu'un dire prétende être l'Autre d'un autre dire (subjectivé) : « Ce qui s'exprime soi-même dans la langue, nous ne pouvons l'exprimer par son moyen. » Ce faisant, la pensée de Wittgenstein s'ouvre à une théorie du sujet soustraite à la Je-cratie canaille de la philosophie.

Cette théorie du sujet occupe, dans le *Tractatus*, les énoncés de 5.63 à 5.641. Qu'il s'agisse bien de ce qui de l'existence est en quelque manière son être s'indique en 5.632 : « Le sujet n'appartient pas au monde, il est une frontière du monde. » Cette métaphore (topologique) tente de montrer le sujet comme irréductible tant au monde (bien qu'il en soit le contour global) qu'à la substance (bien que, situé hors du monde, il faut qu'il ait son être « inexistant » en elle). C'est pourquoi Wittgenstein n'hésite pas, pour l'opposer au sujet dont traite la psychologie, à l'appeler un sujet « métaphysique ». Ce sujet métaphysique est unique (s'il était multiple, du reste, il faudrait qu'il soit discernable des autres et donc situé *dans* le monde). C'est la thèse solipsiste : « Ce que le solipsisme veut dire est tout à fait juste » [T. 5.62]. L'unicité du sujet est coextensive à celle du monde (« Je suis mon propre monde » [T. 5.63]), et elle n'est « existante », articulée, que par le monde.

On s'attendrait alors à ce que se nouent la logique, qui est prescription de la forme-monde, et le sujet, qui est le nom de l'unicité du monde. Qu'ils se nouent comme « raison » de ce qui, de l'être, se laisse penser dans l'existence. Et par conséquent, on désirerait, d'un désir il est vrai philosophique, que le « sens du monde » trouve au moins son ancrage dans une *logique de la frontière*, qui éluciderait le solipsisme subjectif du biais des propositions logiques.

Mais Wittgenstein ne s'engage pas dans cette voie. La raison en est que le sujet, même s'il est « frontière du monde », bascule essentiellement hors du monde, en sorte qu'il va tout entier se trouver du côté de l'acte et soustrait au dire : « En un sens important il n'existe pas de sujet : car de lui seul il serait impossible de parler dans ce livre » [T. 5.631]. Alors que la logique, quoiqu'elle ne soit pas non plus un dire, n'en est pas moins dans la forme de la proposition. Disons qu'il n'y a pas, chez Wittgenstein, de *proposition subjective*.

Certes, Wittgenstein saisit avec acuité que le sujet, corrélat-Un du monde, doit avoir pour être de disparaître, doit se présenter comme point évanouissant, en sorte que ne demeure que son articulation : le monde. L'énoncé 5.64 est très proche de Lacan, si l'on se souvient que « la réalité » est en fait un ensemble de propositions : « Le Je du solipsisme se rétrécit jusqu'à n'être qu'un point sans étendue : reste alors la réalité qui lui est coordonnée. »

Mais il n'entreprend pas, comme Lacan, de créer une algèbre logique de cet évanouissement, ni une topologie de la frontière être/existence qui soit un peu moins déjetée du seul côté de l'être. Il se contente sur ce point d'une image qui ne se laisse pas développer. Encore moins s'engage-t-il dans ce minimum d'ontologie destiné à soutenir les opérations algébriques et topologiques, minimum auquel, en dépit de ses sarcasmes, Lacan finit par consentir.

« Sujet » aurait pu nommer, chez Wittgenstein, l'intersection paradoxale de l'universalité vide (la logique) et du point d'être dont se soutient l'existence (ontologie). Il y renonce, renvoyant ainsi la logique à une constitution (« La logique est transcendantale », [T. 6.13]) qui, d'être a-subjective, reste entièrement obscure.

C'est que s'il existait, sous le nom de sujet, une ontologie de la logique, il faudrait consentir à ce que « sujet » soit pour partie le motif d'une pensée. Or, Wittgenstein entend le réserver *entièrement* pour l'acte silencieux, et même en faire le centre, dans un registre, l'affect, essentiellement distinct du théorique : « Le sentiment des frontières du monde, voilà ce qui est mystique. » À entendre, si l'on se souvient que le sujet est justement une frontière du monde : le sentiment solitaire par quoi m'est montré le sujet solipsiste est un sentiment silencieux.

Il *faut* que ce qui de l'existence touche à son être relève de l'acte, et non de la pensée.

12

Parler de l'acte antiphilosophique est évidemment contradictoire. De surcroît, on éprouve une certaine gêne (philosophique) à devoir, pour ce faire, adopter la posture biographique, puisque c'est le sujet vivant qui témoigne en personne pour ce qui outrepasse le monde vers la transcendance indicible de son sens. Je me limiterai à une série de ponctuations.

1. L'acte est ce par quoi une valeur se montre. Il est donc ce qui institue une *différence*. Car, dans le monde, il n'y a pas de différence (tous les énoncés vrais ont la même valeur, ce qui signifie qu'ils n'en ont aucune).

Une valeur, qui est aussi bien une instance du sens du monde, ek-siste au monde dans un élément particulier (opposé à l'élément scientifique), qu'on qualifiera de mystique. L'acte est monstration sans concept de l'élément mystique.

2. Une valeur activement montrée peut s'appeler Dieu. Illustrons encore une fois ce point par une note d'un carnet de 1930 : « Ce qui est bon est aussi divin ; cela résume mon éthique. » L'acte est ce par quoi le mot « Dieu » prend un sens.

3. Le rapport de l'acte à l'écriture concerne, non ce qui est dit, mais l'effet de ce qui est dit, lequel implique une déposition du dit.

C'est le sens de l'énoncé 6.54, avant-dernier du *Tractatus* :

« J'éclaire ainsi, par mes propositions, le fait que celui qui me comprend reconnaît à la fin leur absurdité quand, par leur moyen — en leur grimpant dessus — il est passé par dessus. (Il faut pour ainsi dire qu'il jette l'échelle après en avoir fait l'ascension).

Il faut qu'il surmonte ces propositions s'il veut avoir une juste vue du monde. »

L'acte, au regard de l'écriture, est rejet, surmonter.

4. Les ressources de production, dans l'écrit, de l'effet de rejet ou de surmonter, qui induisent la possibilité de l'acte concernent l'art de l'écriture, et non le dire comme tel. Il ne suffit pas de comprendre le sens, puisqu'il faut, dans l'élément de cette compréhension, passer outre le sens, vers le Sens du sens. L'acte est donc bien archi-esthétique, en tant que déposition silencieuse du sens dans et par le dire, mais au-delà du dit.

Dans la lettre à Ficker en 1919, Wittgenstein dit, du *Tractatus* « L'ouvrage est stricto sensu philosophique et en même temps littéraire, mais il n'y a pas de verbiage en lui. » Le verbiage, c'est la philosophie en son sens métaphysique. L'opposition au verbiage concerne simultanément :

– la *matière*, qui est rigoureuse, scientifique, logique, au service du sens (dans le monde) ;
– l'*acte*, qui est archi-esthétique, littéraire, au service du Sens (du monde, de la vie, du sujet).

En 1912, Russell note (à propos de celui qui est encore son ami) : « Il voit les choses comme un artiste qui veut créer une œuvre parfaite ou rien. » Ce n'est pas une vision, c'est une obligation (tout comme Nietzsche estimait devoir écrire un allemand d'une beauté sans précédent). Car l'acte s'induit, non de ce que dit l'œuvre, mais de sa perfection.

5. L'effet de l'acte archi-esthétique ne doit pas concerner la pensée ou la doctrine, mais le sujet, ce qui veut dire la vie (ou le monde) saisie du côté de sa frontière. C'est pourquoi l'acte se meut dans l'élément du christianisme. Dans les années quarante : « Je pense que l'une des choses que dit le christianisme est que toutes les bonnes doctrines sont inutiles. Que vous devez changer votre vie ».

6. La capacité à changer sa vie indique activement qu'on est sauvé, ce qui est antérieur à toute croyance, donc à toute doctrine. Car être sauvé n'est rien d'autre que le surgissement de l'acte. Dans un carnet (1937) : « D'abord vous devez être sauvé et vous accrocher à votre rédemption — puis vous verrez que vous vous accrocherez à cette croyance (la Résurrection). D'abord il faut être sauvé. Puis tout sera différent, et ce ne sera pas étonnant si vous pouvez faire

des choses que vous ne pouvez pas faire maintenant ». L'acte a pour essence *l'antériorité du Salut*.

7. Le premier signe du Salut est donc une décision antérieurement improbable, incalculable, voire « impossible ». Ainsi, dans la vie de Wittgenstein, la décision d'être simple soldat pendant la Première Guerre mondiale ; celle de renoncer à son héritage et d'être simple instituteur en 1919 ; celle de partir en Russie soviétique pour être un travailleur manuel ordinaire.

Aucune de ces décisions ne « tient » vraiment, aucune ne structure une durée. Wittgenstein finit toujours par être professeur à Cambridge, chose qui a du sens (pour la pensée) et est absurde, voire dégoûtante, à la lumière de l'acte. Ces décisions fonctionnent en fait comme le signe qu'on est peut-être sauvé. Il s'agit d'éprouver ce que le sujet, que l'acte purifie, peut *porter*. Non pas comprendre, ou savoir, ou penser, mais porter : « Quand je parlais de courage, je voulais dire : prendre un fardeau et essayer de le porter [...] Je ne suis pas très bon moi-même pour porter des fardeaux. Mais c'est pourtant tout ce que j'ai à dire. » (Lettre à R. Hutt, pendant la Deuxième Guerre mondiale).

8. La confession, après la décision, est le deuxième signe du Salut. Tout comme Rousseau, Wittgenstein, à la fin de 1929, envisage d'écrire une biographie. Comme le montre une lettre à Moritz Schlick, cette initiative est destinée à produire une « clarté », elle

est elle-même un signe de la force de l'acte : « Quelque chose en moi me dit que je devrais écrire ma biographie, et en fait j'aimerais bien un jour étaler clairement ma vie devant moi, l'avoir sous les yeux, et pour les autres aussi. Moins pour la mettre en jugement que pour produire, en tout cas, la clarté et la vérité. » La confession biographique n'est ni documentaire, ni de l'ordre de « l'examen » judiciaire (ce qui reconduirait aux propositions et à la « vérité » au sens mondain). Elle est une production de lumière.

À Noël 1936, Wittgenstein a convoqué plusieurs de ses amis pour qu'ils entendent sa confession. Le péché principal était, semble-t-il, sa brutalité (effectivement très grande) envers les enfants quand il était instituteur, plus de quinze ans auparavant. Et de fait (instance de la décision improbable, indicatrice du salut), il est retourné dans le village autrichien où il avait enseigné, pour présenter ses excuses aux enfants et à leurs familles. Il s'en est bien trouvé (« d'abord il faut être sauvé ») : « L'année dernière, je me suis ressaisi et j'ai fait une confession. Cela m'a conduit dans des eaux plus calmes, à une meilleure relation avec les gens, et à un plus grand sérieux. »

La confession procède de l'acte, et non l'inverse : « la conscience du péché est un événement réel » (lettre à Schlick).

9. Du point de vue du collectif, la substance de l'acte n'est pas une politique au sens courant. La question des formes de pouvoir laisse Wittgenstein indifférent. À un ami qui évoquait devant lui

l'absence totale de liberté dans la Russie stalinienne, y compris pour les ouvriers, Wittgenstein a répondu en haussant les épaules : « La tyrannie ne m'indigne pas. » L'acte commande seulement une archi-esthétique de l'égalité. L'inégalité est la laideur du monde. C'est en cet unique sens que Wittgenstein a pu déclarer (à R. Hutt) : « Au fond de moi-même, je suis un communiste. » Se fondre avec les autres dans l'anonymat du service est ce qu'il y a de supérieur. Et la société qui rend cela possible, ou même obligatoire, pour tous, est la meilleure. Il s'agit au fond de généraliser la figure du prêtre sans dogme.

10. Quant à la forme, ce dont il faut rapprocher le *Tractatus* est le texte de Mallarmé *Un coup de dés jamais n'abolira le hasard*. Le dépliement affirmatif et hiérarchisé des propositions, la tension métaphorique combinée à une rigueur mathématisante, l'ironie latente des figures, l'absolue autosuffisance renvoyant néanmoins à un « dépassement » du Livre : tous ces traits apparient ces entreprises, qui l'une et l'autre, quoique dans des visées adverses, tentent de fixer la disjonction entre la Logique et le Hasard, entre l'être et l'existence.

11. Quant au contenu, l'alliance intime d'une doctrine du langage, d'une pulsion biographique, de l'antériorité du Salut au regard des croyances, de l'élément mystique, d'un rapport ambivalent aux amours terrestres, d'une théorie trans-mondaine du Cogito et de la pureté subjective, d'une tentative de subjectivation du

christianisme, et enfin d'une audace littéraire abstraite, fait que le frère passé de Wittgenstein est le saint Augustin des *Confessions*.

12. Wittgenstein n'a pas refondé l'Église, comme saint Augustin, ni la poésie, comme Mallarmé. Ne subsiste, en témoignage de son acte, outre sa pauvre existence, en effet égale à celle de tout autre, que ce qui n'en était que la préparation négative.

Il est possible, il est probable, que de cet acte, peut-être inexistant, rien ne demeure qui puisse animer un sujet. De ce qui devait surmonter la pensée, n'est fixée et transmissible que la pensée. L'antiphilosophe Wittgenstein est désormais *livré* à la philosophie.

Notes

1. Je me sers, d'un bout à l'autre de ce texte, de la traduction du *Tractatus logico-philosophicus* tentée, pour les étudiants de l'université de Paris I, en 1990, par Étienne Balibar. Je le remercie vivement de m'en avoir transmis, puisque cette traduction est « inédite », une photocopie.

2. Les principales sources documentaires utilisées, pour ce qui concerne la vie, les journaux, les carnets, etc., de Wittgenstein, sont : Brian McGuiness, *Wittgenstein*, traduit de l'anglais par Yvonne Tenenbaum, Éditions du Seuil, Paris, 1991, et Ray Monk, *Wittgenstein, le devoir de génie*, traduit de l'anglais par Abel Gerschenfeld, Éditions Odile Jacob, Paris, 1993.

3. Les énoncés les plus importants de Lacan sur Wittgenstein se trouvent dans le livre XVII du Séminaire, *L'envers de la psychanalyse*, texte établi par Jacques-Alain Miller, Éditions du Seuil, 1991. Et singulièrement dans le séminaire du 21 janvier 1970.

4. Le nombre des livres écrits sur Wittgenstein est déjà gigantesque, et tout laisse prévoir qu'il grandira encore jusqu'à atteindre des totaux inégalés. En un certain sens, c'est Wittgenstein qui a ouvert la voie, si l'on considère que tous ses « dits », pieusement recollectés et édités après sa mort, ne sont — c'est mon avis — que des gloses, éventuellement assassines, sur un seul et fort bref écrit : le *Tractatus*. En sorte que la vraie mesure à prendre, et elle n'est pas sans éclairer l'antiphilosophie en général, est celle du rapport entre la masse galactique des gloses et la minceur du texte. M'inscrivant dans ce rapport, il est assuré que j'aurais mauvaise grâce à ne pas déclarer, conformément à une maxime que je dois à Jean-Claude Milner (à propos, le concernant, de l'amas des gloses lacaniennes), ceci : « Tous les livres sur Wittgenstein sont excellents. »

II. Les langues de Wittgenstein

Décrire matériellement les langues de Wittgenstein, je ne le peux pas. Il faudrait mesurer ce que l'anglais inflige à l'allemand, penser l'écart de la singularité autrichienne et de sa surdétermination par l'exil. Il faudrait surtout évaluer dans le détail le rapport, propre à tout antiphilosophe, mais exacerbé dans le cas qui nous occupe, entre la transmission orale et l'écrit. Pour Wittgenstein, il y a un paradigme didactique, une figure de Socrate pressant et autoritaire, dont son vœu d'être instituteur — et la réalisation très brutale de ce vœu, un temps — fut le phantasme moral. La langue écrite, à partir de l'époque-Cambridge, dans sa scansion la plus intime, est marquée par ce paradigme. Elle est faite de notes, ou de notations. Tout est dans la forme du cahier : l'instituteur Wittgenstein, écolier de lui-même.

Je m'en tiendrai donc à un point plus limité. Disons : les rhétoriques de Wittgenstein. Soit la variation intérieure de sa stylistique philosophique, ou anti-philosophique. Ce qu'examinée à partir des dispositions du discours signifie la classique opposition entre deux périodes de sa pensée (très grossièrement, un le *Tractatus*, deux les *Investigations*).

Cet examen est déjà fort compliqué par trois remarques factuelles dont la platitude ne doit pas dissimuler qu'elles constituent aussi bien l'entrée la plus essentielle dans notre question.

a. Il n'existe qu'un livre contrôlé et publié du vivant de Wittgenstein, qui est le *Tractatus*. Ce livre contient en outre sa clause de clôture dans l'énoncé fameux de son avant-propos : « La vérité des pensées que je publie ici me paraît intangible et définitive. Je crois aussi avoir, pour l'essentiel, résolu une fois pour toutes les problèmes considérés. » Disons que le seul « livre » de Wittgenstein énonce explicitement l'inutilité de tout autre. Il est, conformément à un rêve qu'on peut bien dire mallarméen, le Livre.

b. Le deuxième texte référentiel, les *Investigations*, ne peut être tenu pour complet et satisfaisant, ni en soi, ni, moins encore, aux yeux de son auteur.

c. Tout le reste relève du document. Il s'agit de rédactions préparatoires pour des cours. Ou bien de notes prises lors de leçons ou de conférences. Ou encore d'anecdotes, entretiens et récits édifiants, tout à fait dans le style des biographies antiques.

Évidemment, même s'il s'agit là d'une sorte de limite (un seul texte validé, extrêmement bref et centré sur quelques sentences ; tout le reste, un chantier aux lisières de l'oral), nous touchons à une singularité éternelle : le statut toujours diagonal et incertain de l'écrit philosophique. Jacques Derrida a dit là-dessus des choses fort importantes, marquées toutefois (ce dont ici je me sépare) d'un esprit polémique contre la prééminence de la Voix. Il est indiscutable que de toujours, la stratégie philosophique, comme stratégie de Maîtrise, privilégie le face-à-face oral avec ceux qu'elle appelle à devenir des disciples (ce qui veut dire : à devenir, dans la pensée, *disciplinés*). Le propos, le séminaire, l'École ou le cours, sont des vecteurs naturels pour cet office de persuasion rationnelle. D'Aristote à Lacan, en passant par une bonne partie du massif hégélien, on ne sait pas trop qui a écrit ce que nous lisons sous les nom propres les plus solennels de la bibliothèque spéculative. Nous ne voyons que trop, au fil des pages, que se donne libre cours la dévotion obscurcissante du disciple fanatisé. Et même quand le philosophe opère intimement par l'écrit, on a le phénomène d'un travail infini, d'un noircissement de pages sans autre destin que l'avancée intérieure de l'analyse, pages illisibles par leur ressassement ou leur obscur enracinement dans le dédale subjectif, comme on le voit à l'impuissance où nous sommes d'appréhender quoi que ce soit qui ressemble aux œuvres complètes de Leibniz ou de Husserl. Le philosophe, le plus souvent, ou laisse écrire par d'autres les paroles par lesquelles il a soumis son auditoire, ou tient les interminables cahiers d'une pensée sans satisfaction.

Disons que la langue-mère du philosophique est la leçon, voire l'exercice, au mieux le manuel (le manuel est le goût de Descartes). Le livre, au sens de l'œuvre, est toujours second.

Les conséquences de cette secondarité du livre sont d'abord syntaxiques. Le discours philosophique — et qu'il s'agisse d'Aristote, de Descartes ou de Heidegger ne fait, sur ce point, nulle différence — est agencé en vue d'un effet d'assentiment, qu'il faut extorquer y compris en anticipant, autant que faire se peut, toutes les objections possibles. D'où une syntaxe toujours *massive*, au sens suivant : enfoncer sans relâche le même clou, ou, plus précisément, faire valoir que de quelque façon qu'on tienne le marteau, c'est le même clou qu'on enfonce. Là-dessus, plus une philosophie se déclare « ouverte », déconstruisante, voire sceptique, plus les artifices de son ressassement sont rigoureux. Rien de plus syntaxiquement monotone que les exhortations à vous libérer du Destin ou à vous défaire de la métaphysique. La philosophie organise son discours de telle sorte qu'elle ne laisse (quelles que soient par ailleurs ses trompettantes déclarations sur la liberté des esprits) ni d'ouverture par où passerait l'hétérogène, ni de découvert par où s'infiltrerait la déception.

Mais les conséquences sémantiques sont tout aussi prégnantes. Les mots, si usuels soient-ils parfois (et après tout Dieu, ou l'éternité, ou l'âme, ou les idées, sont des mots tout à fait ordinaires), sont toujours déplacés par leur destination persuasive, assignés à des torsions et à des voisinages inconnus, puisqu'ils doivent servir d'étendards au ralliement universel des esprits. Les mots prennent en philosophie un sens impérieux et troublant. Ils sont à la fois axiomatisés par l'effort systématique et poétisés par l'énergie rhétorique. Et il est vrai que s'ils résistent trop, on en fabriquera de nouveaux. Qui n'éprouve, à seulement entendre « transcendantal », « effectivité », « noumène » ou « objet petit a », le sentiment paradoxal d'une promesse de rigueur absolue, mêlée à celle, délicieusement contradictoire, d'une profondeur insondable ?

La destination didactique de la philosophie conjoint une syntaxe toujours tentée par les mathématiques et une sémantique toujours tentée par la poésie hermétique. Elle aspire d'un même mouvement à l'univocité cristalline et à l'équivoque absolue.

S'agissant de Wittgenstein, l'effet syntaxique de massivité est expérimenté en une seule fois par le *Tractatus*. Il s'agit de produire une œuvre sans extérieur (sinon ce qui, ne pouvant être dit, ne saurait prendre la forme de l'œuvre).

La syntaxe du *Tractatus*, comme massivité infinie, relève de deux principes :

1. Un principe d'intégrale affirmation. Il n'y a pratiquement pas une seule phrase interrogative dans tout le texte. C'est le contraire de toute la rhétorique platonicienne de l'étonnement, du doute, du dialogue aporétique, du suspens interrogatif. C'est une stylistique de l'aphorisme, qui ne doit qu'à lui-même sa consistance. On y déchiffre un trait subjectif qui, quoique pris tout autrement dans l'écriture, subsistera chez Wittgenstein, voire s'amplifiera : ce que,

si on est aimable, on appellera son aplomb ; et que, si l'on a, comme Lacan, la morgue du psychanalyste, on nommera sa psychose. Soit la certitude d'être l'organe du Vrai, souvent impurifiée par la conscience d'être moralement indigne de cette fonction.

2. Un principe de montage, codé par les numérations. Ce n'est pas un principe d'enchaînement argumentatif (il n'y a rien qui ressemble à un problème à résoudre par étapes, le style tranche de tout dans l'instant) ; ce n'est pas non plus un principe de subordination, car, pour le Wittgenstein du *Tractatus*, tous les énoncés vrais s'équivalent. Ce qui est certes une propriété formelle du calcul des propositions, mais qui, plus profondément, signifie qu'il n'y a dans le dicible aucune norme de l'importance de ce qui est dit. En fait, le montage et ses ornements numériques désignent un agencement de plans, un rapport flexible entre ce qui a une valeur globale et ce qui n'est qu'une illustration locale. Cet étalement des plans aphoristiques se dispose entre le monde comme lieu du dicible et le sens du monde comme lieu de l'indicible, ou élément mystique.

La sémantique du *Tractatus* n'échappe pas à la règle de la variation équivoque. Le paradigme en est le sens du mot « sens » (*Sinn*), qui circule équivoquement entre le sens de la proposition (qui est le fondement éternel de sa vérité possible) et le sens du monde, ou valeur, qui ne peut que se montrer dans l'épreuve indicible d'un acte archi-esthétique, (ou archi-éthique, c'est la même chose).

Finalement, le principe syntaxique du montage, avec son attirail extérieur de type chiffrage, et son apparente rigueur interne, empruntée à la toute nouvelle logique mathématisée, est destiné, comme toujours en philosophie, à encadrer ce qui supporte la séduction et le ralliement, et qui est l'inéluctable variation sémantique. Dans l'unique livre de Wittgenstein, toute nomination est suspendue par le montage entre sa face de vérité (qui est empirique ou mondaine) et sa face de valeur (qui est trans-mondaine et résilie la nomination elle-même).

C'est pourquoi la langue de Wittgenstein est soumise intérieurement à une terrible tension.

Remarquons d'abord que la massivité syntaxique, l'idée d'une présentation définitive des plans qui se disposent entre le dicible et l'indicible, le motif de ce qu'on pourrait appeler une *complétude aphoristique*, tout cela est finalement conditionné par son caractère inessentiel, aux yeux même de Wittgenstein. Disons que la syntaxe présentative est d'autant plus complète et péremptoire que *ce qui* est présenté n'a pas, pour la méditation de l'auteur, d'importance décisive. Certes, tous les problèmes sont résolus, mais afin de « montrer combien peu de chose est la solution de ces problèmes ». L'essentiel est trans-langagier, l'essentiel est de l'ordre de l'acte. Car l'acte seul est ce par quoi une valeur se montre.

Dans les années quarante, Wittgenstein, requis comme souvent par un disciple potentiel de fixer une orientation doctrinale, déclare : « Toutes les bonnes doctrines sont inutiles. Vous devez changer votre vie. »

On pourrait avancer que cette importance unilatérale du « changer la vie » est le côté Rimbaud de Wittgenstein, cependant que le soin du montage, la disposition sur la page, l'inessentielle massivité syntaxique, est son côté Mallarmé. Le *Tractatus*, c'est une peu *Une saison en enfer* écrit dans la forme de *Un coup de dés jamais...* C'est dire l'énorme pression qui s'exerce sur le texte, et qui est immédiatement sensible au lecteur, de ce qu'il ne sait jamais s'il est vraiment en train de lire ce texte — que signifie, en la circonstance, la lecture — et si ce qu'il y a sur la page relève réellement du « lisible ».

Le côté proprement insupportable de ce chef d'œuvre, l'évidence de son unicité, de l'absurdité qu'il y aurait à *continuer* dans cette voie, ou sous cette forme, éclaire à mon avis la renonciation ultérieure à la syntaxe massive, à la complétude aphoristique, et son remplacement par son exact contraire : la question ininterrompue et sans réponse, question destinée à provoquer une irritation, et non une assertion. C'est ce qu'on pourrait nommer le style de l'abeille : tourment et piqûre. Comme toujours, Wittgenstein éclaire ses intentions : « Une contradiction n'est intéressante que lorsqu'elle tourmente les hommes, et montre ainsi comment des problèmes préoccupants peuvent surgir du langage. » Installer le tourment, afin que soit clair que de toute paix intérieure, si improbable soit-elle, on peut en tout cas assurer qu'elle relève de l'acte, et non du discours.

La rhétorique de Wittgenstein passe donc d'une massivité impressionnante, mais inessentielle, à un harcèlement irritant, décevant, mais essentiel. Le maintien de l'aplomb (de la psychose ?) se réfugie dans la pertinence affichée des exercices les plus fuyants. On commencera presque toujours par « On pourrait dire, par exemple… », « On pourrait imaginer… ». Donnons un exemple typique de cette deuxième rhétorique, de cette langue tourbillonnante :

« "Comment compte-on dans le système décimal ?" — "Après 1 nous écrivons 2, après 2, ... après 13, 14... après 123, 124 *et ainsi de suite.*" — C'est là une explication pour celui qui certes ignorait quelque chose mais comprenait le "et ainsi de suite". Et le comprendre signifie le comprendre autrement que comme abréviation ; cela ne signifie pas que maintenant, en esprit, il voit une série beaucoup plus longue que celle de mes exemples. Le fait qu'il le comprenne se manifeste en ce qu'il effectue maintenant certaines applications, que dans certains cas il dise telle chose et agisse de telle façon.

"Comment comptons-nous dans le système décimal ?" — ... ... — Maintenant, n'est-ce pas là une réponse ? — Mais pas pour celui qui ne comprenait pas le "et ainsi de suite". — Mais notre explication ne peut-elle le lui avoir fait comprendre ? Ne peut-il avoir obtenu par son entremise l'idée de la règle ? — Demande-toi quels sont les critères du fait que maintenant il a obtenu cette idée. Qu'est-ce donc qui me contraint ? — L'expression de la règle ? — Oui, si j'ai été éduqué ainsi. Mais puis-je dire qu'elle me contraint à la suivre ? Oui, si on ne se représente pas la règle comme une ligne le long de laquelle marcher, mais plutôt comme une formule magique qui nous ensorcelle. »

Tiré d'un des « livres » les plus inexistants de Wittgenstein (les *Remarques sur les fondements des mathématiques*, empilement posthume de notes remontant à la période 1937-1944), ce passage n'en est pas moins caractéristique du style tourbillonnant, agressif et rétractile, de la « deuxième période ». Entre les questions que nul n'aurait songé à poser, les réponses paradoxales et aussitôt contredites, la transformation de toute réponse en question et réciproquement, les exemples « concrets » particulièrement abstraits, la rhétorique de l'incertitude agitée, bref, une hystérisation de tout le discours, poussée jusqu'à la mise en vertige, qui est aussi une mise en accusation, de tout lecteur supposé, le texte impose à la fin moins une position qu'une déposition, on pourrait même dire : une capitulation, qui est l'essence subjective du harcèlement essentiel. Car l'objectif est finalement d'établir qu'il n'y a que des règles, dont l'efficace relève de particularités anthropologiques. C'est pourquoi on peut comparer la logique de la suite des nombres à « une formule magique qui nous ensorcelle ».

La massivité inessentielle, reposant sur une syntaxe de l'affirmation, était un agencement aphoristique caché, dont l'ultime garantie était une ontologie, celle des objets. Le harcèlement essentiel est un désagencement anthropologique des évidences massives, au profit de la pluralité contingente des règles et de l'éradication de toute ontologie.

Les langues elles-mêmes — mais je ne veux pas trop entrer dans ce détail — sont différentes. La première langue de Wittgenstein est au fond celle de Nietzsche, une langue du grand Midi de l'affirmation, dont l'unité signifiante est l'aphorisme, et dont le paradigme est l'impassibilité frémissante du poème. C'est un allemand à la fois torturé et impérial. La seconde, très marquée par la didactique et la perpétuelle enquête, dont l'anglais est le tracé sous-jacent, est une langue délibérément mineure, qui tient toute affirmation trop solidifiée par la phrase pour une impolitesse métaphysique.

Cela dit, y a-t-il des invariants ? Oui, il y en a. S'agit-il toujours de Wittgenstein, et en quel sens ? Il s'agit toujours, oui, de l'anti-philosophe Wittgenstein. C'est-à-dire, en dernière analyse, d'un adversaire de la prétention mathématique. D'un ennemi de Platon.

Négativement d'abord. Si l'on soutient qu'aucune discipline ne peut prétendre échapper à la dissémination anthropologique, à la contingence réglée de toute contrainte, alors il faut démontrer, et de toute urgence, qu'il en va bien ainsi pour le langage le plus évidemment enclin à imaginer qu'il représente des nécessités universelles, celui du calcul et de la démonstration. Destituer les mathématiques est le cœur de la question. Or, cet objectif est présent dans le *Tractatus*, et finalement pour les mêmes raisons : les mathématiques, qui s'imaginent proposer à la pensée quelque chose comme une langue pure, sont le nid à rats des confusions métaphysiques (entendez : platoniciennes). Voyez par exemple ceci : « Il n'y a pas de religion où le mauvais emploi d'expressions métaphysiques ait été responsable d'autant de péchés qu'en mathématiques. » La conviction d'une nature philosophiquement pécheresse des mathématiques traverse tous les styles de Wittgenstein.

Positivement, qu'on se meuve dans l'aphorisme impérial ou dans le harcèlement didactique, la valeur fondamentale reste de l'ordre de l'acte, et se trouve donc soustraite au jeu des jugements. Cela aussi est une constante, qui désigne l'ensemble de ce qui est dit ou écrit comme inessentiel. Ce vers quoi la dissémination anthropologique des jeux de langage fait signe est la radicalité sans concept du choix éthique, à laquelle, d'un bout à l'autre de l'entreprise de Wittgenstein, ne conviennent que des mots indéterminés : l'élément mystique, Dieu, le divin... Comme un carnet de 1930 le déclare, « ce qui est bon est aussi divin ; cela résume mon éthique ». L'essence de la vie demeure indicible, car son enjeu, sa gravité, consiste à « prendre un fardeau et essayer de le porter ».

Dès lors, ce qui se substitue à l'aphorisme et à son espacement numérique est de l'ordre de la métaphore, voire de la pure et simple approximation, puisque la valeur dernière du langage oscille entre sa nullité éthique et sa relativité anthropologique. Disons que, syntaxiquement, il ne saurait y avoir de règle des règles, et donc de style univoque. Et que, sémantiquement, l'absolu relevant de l'acte, les significations sont toutes à la fois réglées et flottantes.

De façon très conséquente, à la stylistique impériale de l'univocité succède, mais pour les mêmes raisons de fond, une écriture qui accepte, ou revendique, qu'il n'y ait pas de règle d'usage des mots. Le harcèlement est alors quelque chose comme une injonction sans loi. Ou encore : tout style éthique est langagièrement solipsiste, ce qui veut dire que la langue n'y est mesurable qu'à ses effets immédiats.

Je soutenais que, dans le *Tractatus*, l'équivoque est toujours sévèrement cadrée par la syntaxe. Le second Wittgenstein supprime le cadrage et s'installe dans une méthodologie du flottement. La dérive sémantique est un procédé majeur du harcèlement, lequel vise à imposer la dissémination anthropologique des règles. Cette dérive s'appuie finalement sur l'équivalence des contraires sensibles, la déstabilisation complète des mots et l'abolition du principe de non-contradiction. Un exemple typique, toujours dans les *Remarques sur les fondements des mathématiques*, où l'on trouve une amusante réminiscence du Dieu trompeur de Descartes :

« Pourrait-on imaginer que lorsque je vois du bleu, cela signifie que l'objet que je vois *n'*est *pas* bleu — que la couleur qui m'apparaît compte toujours comme celle qui est *exclue* ? Je pourrais croire par exemple que Dieu me montre toujours une couleur pour me dire : *Pas* celle-là.

Ou bien : la couleur que je vois me dit seulement que cette couleur joue un rôle dans la description de l'objet. Elle ne correspond pas à une proposition mais seulement au mot "bleu". On dit alors : l'œil ne me montre que l'azur, mais pas le rôle de l'azur. — Nous comparons la vue de cette couleur avec l'audition du mot "bleu" lorsque nous n'avons pas entendu *le reste* de la proposition.

J'aimerais montrer que l'on peut être amené à vouloir décrire qu'une chose est bleue tant avec les mots "il est bleu" qu'avec les mots "il n'est pas bleu". »

Au fond, ce que Wittgenstein « aimerait », c'est que la volonté descriptive ne rencontre aucune censure. L'amplitude d'effectuation verbale d'une description d'objet doit pouvoir établir l'équivalence de « bleu » et « non-bleu », dès lors qu'elle n'est jamais qu'une corrélation transitoirement réglée entre ce que l'œil montre et ce que l'oreille entend.

Mais cette corrélation nominale entre un vouloir et une utilité est une des plus anciennes convictions de Wittgenstein. Pour tout ce qui ne relève pas de l'acte indicible, on doit se tenir dans une pragmatique descriptive.

On dira pour conclure que les langues de Wittgenstein se disposent à partir de trois axiomes.

Le premier, qui commande le parcours stylistique de toute anti-philosophie conséquente (Pascal ou Rousseau comme Nietzsche ou Wittgenstein) se dit (axiome 1) : « La philosophie n'est pas une théorie, mais une activité. » [*Tractatus*, 4.112] Et certes, cette activité est une activité de parole. Car l'acte éthique silencieux n'a rien à voir avec la philosophie. Il est le surmonter-mystique de toute philosophie. Ce que Wittgenstein veut nous dire est que la philosophie (c'est-à-dire l'antiphilosophie, ou l'anti-métaphysique, c'est la même chose) est une activité de parole *non théorique*.

Qu'est-ce qu'une parole active qui ne se prend pas au piège de la théorie, qui répudie le *théorein* platonicien ? C'est précisément ce qui nous impose la variabilité langagière, la rhétorique tantôt de l'aphorisme cadré, tantôt du harcèlement métaphorique, ou comparatiste.

Cependant, deux autres axiomes règlent l'application de cette variabilité.

Axiome 2 : « La philosophie signifiera l'indicible, en présentant clairement ce qui est dicible. » [*Tractatus* 4.115]

La massivité discursive est présentation dite du dicible. Sa clarté, le Wittgenstein du *Tractatus* la voit dans l'ajustement d'une ontologie des objets et d'une logique des propositions atomiques. La langue est une aphoristique logicisante. Mais peut-on alors signifier vraiment l'indicible ? Ou n'a-t-on que le montage fermé de l'onto-logique ? Cette question conduit Wittgenstein à substituer à la disposition onto-logique un pluralisme anthropologique expérimental, à substituer à la rhétorique de l'affirmation celle du harcèlement approximatif. Mais ne perd-on pas alors complètement de vue la question de l'Un ? Sait-on encore où situer le lieu des mots vides, Dieu, mystique, divin, mots dont le référent, en tant qu'acte, est la seule valeur disponible ?

C'est sans doute en ce point que vient l'axiome 3 : « Je pense que j'ai résumé mon attitude à l'égard de la philosophie lorsque j'ai dit : la philosophie devrait être écrite comme une composition poétique. » (Propos tenu par Wittgenstein dans les années quarante). Une composition poétique, c'est un agencement qui fait que la langue dit ce qu'elle ne dit pas, ou montre matériellement le non-dit de son dire. Le lieu de l'acte est alors convoqué au bord des équivoques de la langue, comme ressource non dite de la puissance entière de celle-ci.

Il n'est pas excessif de rapprocher, pour éclairer cette conviction « poétique », Wittgenstein et Heidegger. Pour l'un comme pour l'autre, la proposition poétique installe la langue à la lisière du monde et du sens du monde. Et surtout, elle est à elle-même sa propre activité langagière, sa propre preuve de puissance.

En définitive, il n'y a pas de langue philosophique. Il y a une oscillation entre la présentation claire, dont la logique formelle est le paradigme (mais les énoncés logiques ne disent rien) et la composition poétique, qui signifie l'indicible (mais le poème, surpuissant quant à la tension vers l'indicible, n'a pas le pouvoir de cerner en lui-même le dicible, de dire la frontière des langues comme frontière du monde). À l'articulation onto-logique, Wittgenstein comme Heidegger opposent la schize prophétique du poético-pensant.

Le *Tractatus* se donne, selon une première ligne appropriée à la clarté de la monstration, le support des énoncés et de leur montage. Le second style, le style abeille, tourment et relance, se donne des diagonales de fuite sans logique ni preuve, suspendant la rhétorique à la forme évasive de la question et de la question de la question.

Par quoi il est prononcé qu'il n'y a qu'un chemin, qui en effet ne mène nulle part. L'effet inconscient de cette prononciation métaphysique sera qu'au point du nulle part retentit la puissance inentamée du mot le plus vide, qui est Dieu, ou le salut. Au rouet de l'aphorisme excessif ou de la question incessante, toute anti-philosophie s'achève en théologie morale (ou esthétique, c'est la même chose) : l'acte sauveur, seul, interrompt le bavardage critique. Comme le dit Wagner à la fin de *Parsifal* : « Rédemption au rédempteur ».

Heidegger dans ses dires testamentaires : « Seul un Dieu peut nous sauver. »

Wittgenstein, en 1937 : « D'abord il faut être sauvé. Puis tout sera différent, et ce ne sera pas étonnant si vous pouvez faire des choses que vous ne pouvez pas faire maintenant. »

Au fond, il y a trois thèses liées sur le langage, communes à Wittgenstein et à Heidegger :

1. La logique ne dit rien, et la mathématique n'est pas une pensée. La philosophie ne peut donc d'aucune façon, quant à la distinction qui la fonde, celle du sens et de la vérité, faire confiance au mathème, à cette langue qui n'est pas une langue.

2. Le poème signifie l'être, et enregistre l'imminence de l'acte. Mais il n'est que le gardien de cette imminence, sa composition en retrait. La philosophie comme telle, qui est aussi critique de la pure mondanité du monde, ne peut s'identifier absolument à la langue poétique.

3. Le salut, qui est de l'ordre d'un événement intérieur à sa propre pensée, doit se rattacher à la constellation sémantique qu'organise le mot Dieu, lequel est le mot de l'absence des mots.

Ce sont ces trois certitudes (anti-platoniciennes, toutes les trois) qui éclairent, je crois, les langues de Wittgenstein, et ce qu'il faut bien appeler leur désespoir latent.

Table

Du même auteur

Almagestes
Seuil, 1964

Portulans
Seuil, 1967

Le Concept de modèle
Maspero, 1969

Théorie de la contradiction
Maspero, 1975

De l'idéologie
(en collaboration avec F. Balmès)
Maspero, 1976

Le Noyau rationnel de la dialectique hégélienne
(en collaboration avec L. Mossot et J. Bellassen)
Maspero, 1977

L'Écharpe rouge
Maspero, 1979

Théorie du sujet
Seuil, 1982

Peut-on penser la politique ?
Seuil 1985

L'être et l'événement
Seuil, 1988

Manifeste pour la philosophie
Seuil, 1989

Rhapsodie pour le théâtre
Imprimerie nationale, 1990

Le Nombre et les nombres
Seuil, 1990

D'un désastre obscur
L'Aube, 1991

Conditions
Seuil, 1992

L'Éthique
Hatier, 1993 ; nouvelle édition : *Nous, 2003*

Ahmed le subtil
Actes Sud, 1994

Ahmed philosophe, suivi de Ahmed se fâche
Actes Sud, 1995

Beckett. L'increvable désir
Hachette, 1995

Les Citrouilles
Actes Sud, 1996

Calme bloc ici-bas
POL, 1997

Deleuze
Hachette, 1997

Saint Paul. La fondation de l'universalisme
PUF, 1997

Abrégé de métapolitique
Seuil, 1998

Court traité d'ontologie transitoire
Seuil, 1998

Petit manuel d'inesthétique
Seuil, 1998

Circonstances, 1
Lignes, 2003

Circonstances, 2
Lignes, 2004

Le Siècle
Seuil, 2005

Circonstances, 3
Lignes, 2005

Logiques des mondes
Seuil, 2006

Circonstances, 4
Lignes, 2007

Petit panthéon portatif
La Fabrique, 2008

Dans la même collection

Mehdi Belhaj Kacem
Manifeste antiscolastique

Benoît Casas
Diagonale

Jacques Jouet
À supposer…

Chez le même éditeur

Theodor W. Adorno
Notes sur Beckett

Theodor W. Adorno / Paul Celan
Correspondance

Alain Badiou
L'éthique

André Biély
Glossolalie

Robert Creeley
Le Sortilège

Jacques Demarcq
Les Zozios

Gerard Manley Hopkins
Grandeur de Dieu et autres poèmes

Pier Paolo Pasolini
Je suis vivant

Jacques Roubaud
Traduire, journal
Grande Kyrielle du Sentiment des Choses
La Dissolution

Gertrude Stein
Tendres Boutons

Gérard Wajcman
Collection
L'interdit
Arrivée, départ

Andrea Zanzotto
Les Pâques
précédé de Les regards les Faits et Senhal

4 chemin de Fleury
14000 Caen

NOUS

www.editions-nous.com

Achevé d'imprimer en janvier 2009
sur les presses de l'imprimerie
NeoTypo à Besançon

Dépôt légal : février 2009